田中先生住田中？

森岡浩
Hiroshi Morioka
陳芬芳——譯

十萬日本姓氏的溯源之旅

從起源、分布與演變軌跡解讀姓氏的歷史

名字でわかる あなたのルーツ
佐藤、鈴木、高橋、田中、渡辺のヒミツ

田中先生住田中？

森岡浩 Hiroshi Morioka

陳芬芳——譯

十萬日本姓氏的溯源之旅

從起源、分布與演變軌跡解讀姓氏的歷史

名字でわかる あなたのルーツ

佐藤、鈴木、高橋、田中、渡辺のヒミツ

前言

二〇一七年四月日本NHK綜合電視台推出了探究日本人姓氏由來的節目【日本人のおなまえっ!】。在此之前雖然也會以節目穿插或特輯的方式製播跟姓氏有關的內容,但是以百家姓為主題且在每週固定時段播出的,這恐怕是第一次。當然,該節目企劃並非一時興起,而是在二〇一五年和二〇一六年各以特別節目方式播出之後獲得觀眾好評,才趁黃金週換檔之際推出成為固定節目的。

日本人在提到自己和對方時多用姓氏稱呼,因此姓氏和日本人的日常生活習習相關,假使一天裡會提到自己的姓氏一次,一年就有三百六十五次、十年有三千六百五十次,七十年換算下來就會超過兩萬五千次,而上班族每天報上姓氏的次數可不只一次,在選舉活動中需要不斷宣傳姓名的政治家自是不在話下,若是從事業務相關工作的人,一生中介紹自己的次數絕對遠遠超過十萬次。然而,大部分的人對於自己姓氏的由來並不清楚,或許壓根兒都沒想過這個問題。

日本人的姓並非如一般傳言是六、七代前的祖先因明治初期政府突然下令必須使用姓氏,情急之下任意取的。而是能追溯到更古老的時代,代代相傳至現在。

二〇一六年NHK大河劇【真田丸】裡以「信濃的國眾」來稱呼領國內世居的豪族和武士,使得此前多以「國人」稱呼的「國眾」在近年受到注目,而劇中一位國眾的姓「室賀」至今仍存在於長野縣,由此可知日本人的姓氏從那個時代就有了。

NHK隔年推出的【女城主直虎】是敘述遠江國國眾井伊氏的故事,開頭介紹了流傳在井伊家的傳說。

話說住在遠江國村櫛、出身於藤原氏一族的地方官吏藤原共資,在寬弘七年(一〇一〇年)於井伊谷八幡的井裡發現了剛出生不久的男嬰，便把他帶回家像親生孩子一樣扶養長大。這名男嬰就是後來的共保，之後繼承井伊家並遷居到井伊谷成了國眾。這段逸聞也收錄在江戶時代幕府根據大名家和旗本提出的紀錄等編撰而成的《寬政重修諸家譜》裡。

該傳說暗示了身為地方官的共資所繼承的藤原氏血脈和成為井伊谷國眾的共保之後的後代子孫是分屬不同宗族。

其實井伊氏所在的靜岡縣濱松市濱名湖北部有幾處古墳時代前期到中期的王侯貴族墳墓遺跡，如北岡大塚古墳等，證明當地曾有豪族居住。這些豪族的後裔在奈良時代以後很可能持續住在當地，以掌握地方勢力的氏族身分存留下來，之後可能跟從中央派駐到地方且定居下來的藤原氏後裔結為姻親而被同化。結合了藤原氏後裔的權威性以及豪族後裔的勢力，讓井伊氏得以成為有力國眾，掌握橫跨鎌倉與室町時代的中世權力。

總而言之，井伊家姓氏的由來可能不只是個傳說，也有其事實根據，只是被誇人了。

其實在井伊氏這等名門世家以外的普通人家裡也有許多流傳著自家姓氏由來的說法，有的縱使聽起來荒唐無稽也不可一笑置之，因為深究之後常可發現真相就藏在故事的背後。

姓氏就像一族的時空膠囊，蘊藏了祖先在哪裡、過著什麼樣生活的資訊。很可惜的是，現在能打開膠囊的金鑰已經多所遺失，因此我希望能在真的再也無法打開之前，努力尋找開啟之鑰。

目次

谷川／注意！也有人名由來的地名／地形、風景由來的姓氏／「山田」是日本人心中的故鄉／人為地形／植物由來的姓氏排名／用於姓氏最多的動物是那隻猛獸／水利由來的姓氏種類豐富多元／開墾新田也誕生新的姓氏／地形由來的發展型／方位由來的姓氏／職業由來的姓氏／藤原氏由來的姓／八十五變的齊藤／賞賜由來的姓氏／僧侶的姓氏／特殊由來的姓氏／特定姓氏人口增加的原因

第2章　從祖先尋根

沿用「姓」的姓氏／武藏七黨的姓氏／豬俣黨／兒玉黨／丹黨／橫山黨／村山黨／西黨／野與黨／私市黨／都筑黨／成為武士的藤原氏後裔／藤原南家／藤原北家／源氏與平氏／清和源氏一族是武家本宗／攝津源氏／美濃源氏／河內源氏／常陸源氏／甲斐源氏／信濃源氏／大和源氏／尾張源氏／上野源氏／下野源氏、三河源氏／嵯峨源氏／宇多源氏／村上源氏／醍醐源氏／平氏與平家／坂東平氏／橘氏／清原氏／越智氏／神官一族／渡來人的後裔／國眾與姓氏／族譜陳述歷史

序章——尋找姓氏的源起

姓氏是從什麼時候開始出現的

在思考跟姓氏有關的事之前，我想先說明日本人是從什麼時候開始有姓氏的。能回答這個問題的人意外地少，就連《詳說 日本史》這本由山川出版社出版、內容以詳盡聞名的高中日本史教科書裡也沒提到，學校也就沒教。跟自身如此習習相關的事，怎麼會沒人告訴我們？實在是很不可思議。

在此想請各位先回想一下日本史上裡第一個登場的歷史人物是誰？答案是日本小學裡也有教的「卑彌呼」。這號人物出現在西元二到三世紀，沒有姓氏稱呼，也許是因為她是女王的關係。

除了卑彌呼，中國的史書裡也記載了其他日本人的名字。根據西晉陳壽所著《三國志》裡《魏書・東夷傳》的記載，卑彌呼從日本派來的使節裡，正使叫「難升米」，副使叫「都市牛利」。想也知道兩者都不是正式稱呼，而是魏國官吏依照當時日本人的發音標記的中文名稱，因此我們無法得知正確唸法為何，一般認為「難升米」可能唸作「Nashime」，而「都市牛利」則唸成「Toshigori」或「Tsushigori」。但無論如何，兩人的稱謂裡都沒有姓和名的區分。

那麼，接下來登場的人物是誰？在卑彌呼之後，日本歷史出現一段空窗期，沒有留下記錄，直到六、七世紀才又出現了活躍於當時的豪族「蘇我馬子」和「物部守屋」。他們的稱呼已經和現代一樣，有了姓（蘇我、物部）和名（馬子、守屋）的區別。

在那段空窗期裡，日本應該是在人名的稱呼裡融入了新概念，而其來源肯定是當時屬先進國家的中國。

日本古代沒有姓氏

日文漢字中的「名字」、「姓（sei）」和「氏（shi）」都可解釋為中文的「姓氏」。「名字」一詞是日常對話裡提及姓氏時使用的，一旦遇到需要鄭重其事的場合，例如填寫正式書面資料的時候，姓名欄位就會標示成「姓・名前」或是「氏・名」，而非「名字・名前」。現代社會裡日本人已將「名字」、「姓」和「氏」混為一談，但這三者原本各有所指，簡單來說「姓」是正式、「名字」是私人稱呼，古代有一定身分地位的人通常會同時擁有這兩種稱號，而「氏」則是近代以後才出現的法律用語（參見P.22）。

蘇我和物部等古代豪族的稱呼，原指有血緣關係的集團，在日語以「氏（uji）」稱之（註：跟前述近代以後才出現的「氏（shi）」是完全不同的）。Uji的概念後來被從天皇家分出去的皇族的「姓（sei）」——例如源、平——給同化而消失，所以日本古代沒有「名字」，也就是沒有現代所謂的姓氏。

「姓」這個字唸成kabane的時候意思又完全不一樣了。想必不少人在學生時代會把uji和kabane成套記憶。就結論而言，kabane是大和政權裡用來表示豪族地位的稱號，為避免混淆，以下進一步說明。

「姓」唸成kabane的時候有兩種意思，原來指的是像豪族稱呼一樣的稱號，有臣、連、宿禰、君、首、村主等數十種，後來演變成氏族地位尊卑的象徵。到了天武十三年（六八四年）制定「八色之姓」，把為數眾多的kabane分成真人、朝臣、宿禰、忌寸、道師、臣、連和稻置等八類，但隨著律令制度的整備，kabane也在前述uji被sei統合的過程中逐漸失去意義。各位在學生時代暗記的kabane，指的應該就是這個八色之姓。

因此，本書之後介紹的「姓」，是sei，而不是kabane。（註：為避免台灣讀者混淆，之後文章裡提到的姓或姓氏，在沒有特別備註的情況下，指的是日語的「名字」，而古代皇族分家的sei則用「姓」來表示。）

日本古代的大和王權並非中央集權國家，而是以大王家（即後來的天皇家）為中心的氏族連合政權。氏族之間各有專門職掌，例如中臣氏負責跟祭祀有關的事務、物部氏負責軍事方面等，大王家則位在所有氏族之上，主導政權。與其說大王家本身也是氏族之一，還不如說是領導連合政權的一族。

王權內部以「氏」來管理參與連合政權的各族，也就是說，掌管祭祀的「中臣氏」從族長到氏族成員都以「中臣」自稱，這麼一來只要聽到「中臣的某某某」就能知道這人是跟祭祀有關的。而物部氏、蘇我氏和葛城氏的族人也同樣各報以「物部」、「蘇我」和「葛城」等稱呼來表明自己的職掌。

大和王權不只對畿內，連地方豪族也以「氏」來管理之，像是出雲氏、吉備氏、尾張氏、越智氏和毛野氏等，其稱號多取自當時的國名（地方名）。在他們之中也有活躍於大和政權內部者，只要見其氏族稱號就能知道這人的出身地。

大和王權在大化革新之後成了中央集權國家，大王家也順勢升格為天皇家，並誕生了品部這個擁有異於其他氏族的技能、為朝廷提供勞務的技職團體。

天皇家賜「姓」給分家出去降為臣籍的皇族，地位等同其他氏族，因此「氏」和「姓」在後來統合為「姓」。而天皇家不以「姓」或「氏」自稱的關係，直到現在日本皇室仍無「姓」、「氏」或「名字」等跟姓氏有關的稱呼。

我們不知道當時究竟有多少種「姓」，但可以從平安時代初期弘仁六年（八一五年）編撰的《新撰姓氏錄》一覽當時畿內所有的紀錄，計有一千一百八十二種，光是中臣這個氏族就分別記載了大中臣朝臣、中臣酒人宿禰、中臣宮處連、中臣方岳連、中臣志斐連、中臣大家連等。這些有力氏族不斷分枝拓葉，透露出後來發展成姓氏的徵兆。

「姓」原則上是代代相傳、不可變更的，要改「姓」須取得天皇許可，因此只要知道「姓」什麼也就能循線溯及一族的源頭。

古代有個叫土師的氏族，負責製作裝飾古墳的陶俑（埴輪）。土師在古墳時代曾是望族，隨時代退去，土師派上用場的機會也越來越少，為了重振氏族雄風，在天皇的同意下改賜菅原和大枝兩「姓」，重新出發。

大枝後來又改「姓」大江，跟菅原氏同在朝廷內掌管學問，成為兩大繁榮氏族。菅原氏裡出了一個學問之神菅原道真，而身為大江氏後裔的大江廣元也因創設鎌倉幕府基本制度而聞名，其後代子孫裡還出了一位戰國大名毛利氏，直到德川幕府後期（幕末）仍沿用大江這個「姓」，因為「姓」基本上是不變的。

姓氏的誕生

話說到了平安時代中期左右，氏族漸漸被淘汰，藤原氏席捲朝廷，占去貴族人口半數以上。這麼一來，原本用以區分氏族的「姓」失去了作用，貴族們只好另取宅邸所在地的名稱為家號，以便在同「姓」之間有所區隔。例如，住在京都三條的藤原姓貴族取家號為三條，也有像水無瀨家是取別墅所在地為號的，或像德大寺家是以所建的寺廟名稱為號。

當時朝廷內部盛行訪妻婚，是夫婦分居兩處，由男性前往女性家中訪妻的婚姻形態。孩子出生後由母方家庭養育，父子分住不同處的關係，親子之間也就沒有固定的家號。隨著婚姻形態由訪妻變成妻子出嫁到夫家的形式，家號得以在父子之間一脈相承，也成了貴族之間姓氏的由來。

大約在同一時期，地方上開始出現武士。奈良時代的律令規定，土地和農民歸天皇家所有，阻礙了農民開荒的意願，因而在進入平安時代之後漸漸放鬆規定，承認土地私有化。有了私有地就得自行捍衛家園，於是催生了拿起武器戰鬥的人，這就是武士的由來。

另一方面，京城裡「姓」藤原以外的貴族，以及從藤原氏一再分家的旁系，因為在京內仕途不得意只得下鄉當官去。這些在京城出不了頭的下級官僚，到了地方卻能以君臨天下的姿態自居，只要報上藤原、源或平的「姓」，就等同跟中央朝臣（公家）有關係而備受尊重。從《今昔物語集》裡收錄的故事也能看出貴族在地方如魚得水的情形——傳說藤原陳忠在地方任職期滿，準備打道回京的途中不小心跌落谷底，被拉上來時手上還不忘採幾把鮑魚菇——可見被稱為「受領」的地方官如果夠貪的話其實是可以積蓄不少財富的。

在地方坐享地位與收入的下級官僚，有的過了任期仍不回京報到，乾脆定居下來，一方面在任職地蓋宅院，支配當地有力的農民，另一方面又跟朝廷政務機關的國衙等維持關係而漸漸培養出實力並發展出武力。為明確宣示自己掌管的勢力範圍，於是以不同於本「姓」的支配地名自稱，姓氏因而在地方上流傳開來。

就貴族和武士階級而言，「姓」是天皇賞賜的正式稱謂。反之，以宅邸所在地或支配地為號的姓氏則是依自我意識取的個人稱呼，不但可任意變更，在親子和手足之間取不同的姓氏也是常有的事。

以武士來說，繼承家業的子嗣（總領）同時也繼承了父姓，而總領以外的孩子則住在附近就近支持本家，並取所在地為姓。從武田氏和佐竹氏這般有力的武士門第分家而出的姓氏其實很多，但不管姓怎麼變，「姓」還是一樣，因此不論其族人後世取什麼樣的姓，本「姓」還是源。

也就是說，當時的武士和貴族在天皇賞賜的「姓」之外，還會另外取個姓氏。舉在源平之戰登場的佐佐木高綱和齊藤實盛兩人的名字為例，其姓各是「佐佐木」和「齊藤」，本「姓」則是「源」與「藤原」。以佐佐木高綱來說，只要聽聞他的正式名稱「佐佐木四郎源朝臣高綱」，便能知道他是皇室分支的源氏一族（正確來說是宇多源氏），也是近江國佐佐木領地武士──佐佐木氏──的四男。

農民與姓氏

那麼，在平安時代中期左右誕生於武士和貴族之間的姓氏又

圖：武田氏（左）的「姓」為源，上杉氏（右）的「姓」為藤原。

中世的佐竹氏族譜

可從中了解到嫡系以外，每次分家姓氏就會跟著增加。

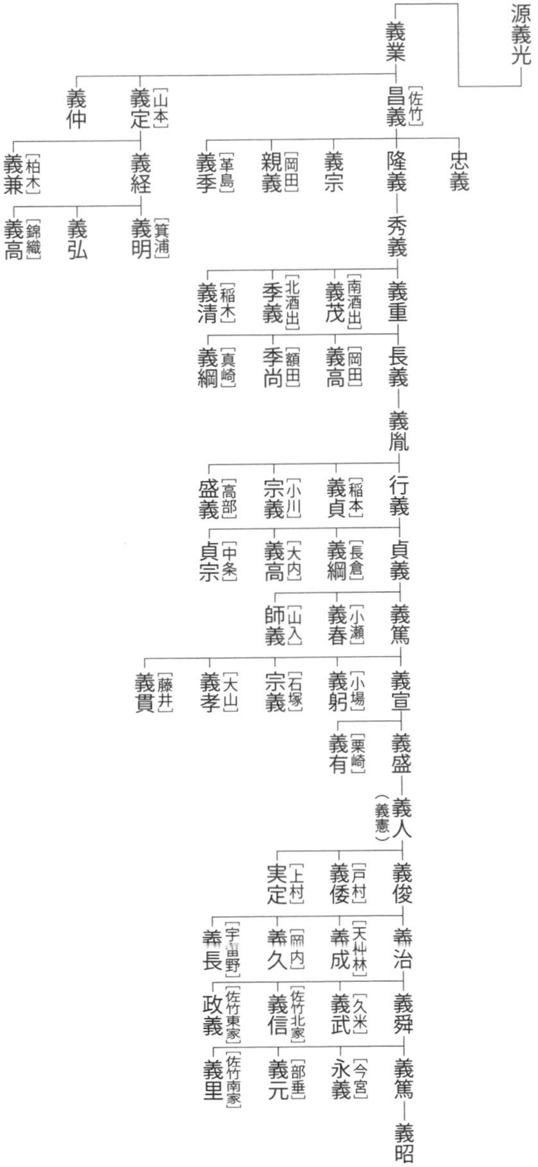

是從什麼時候普及到平民社會的？很可惜這個問題沒有明確的答案。關於文化發展，很多是從上流社會逐漸滲透到平民階級的。

現在日本能找到最古老的農民姓氏紀錄是在和歌山縣紀之川市粉河的王子神社所流傳下來的名冊。在粉河這個地方，男嬰出生後需在隔年的正月十一日到王子神社參拜，這時神社會從收納在寶藏庫的箱子裡取出名冊，寫下新生兒的名字。該名冊始於室町時代的文明十年（一四七八年），一直延續到現在，一次也沒中斷過。整捲名冊展開後全長超過七十公尺，裡頭記載了名字且在上方寫有姓氏，這些姓到現在仍可見於當地，由此可知現代日本人的姓氏至少在室町時代就有了。

把粉河當時的農民階級已經使用姓氏這件事視為純屬特殊情況實在說不過去，應該是農民使用姓氏的情形在室町時代就已經很普遍了。但由於室町時代以前紙本彌足珍貴，鮮少留下農民階級紀錄，再加上目前也還沒發現比這卷名冊更早以前的資料，無法確認農民究竟從何時開始使用姓氏，只能說在室町時代以前就有了。

話說回來，當時的武士也不專職在戰鬥這一行，他們平時過著農耕生活，有事的時候才會拿起武器衝鋒陷陣。不像家族成員眾多的有力世家，身為一家之主的或許犯不著親自下田，但一般武士可得兩面兼顧。因此，武士階級裡廣泛使用的姓氏在沒多久之後就傳到農民階級的說法應屬妥當。

而且在半農半武的武士階級裡也已經出現許多沒有「姓」的人。正確來說應該解釋成他們是古代某個氏族的後裔，或許本來是有「姓」的，但幾個世紀下來沒用之後也就忘了，僅在日常生活用姓氏稱呼彼此。

到了戰國時代，沒有「姓」的低階武士會透過軍事或政治手段取得地位，即所謂的下剋上。一旦躍升到大名階級，出席正式場合時需要有個「姓」做為稱呼，不知道自己「姓」什麼的便謊稱「藤原」或是「源」等廣為人知、令人不易起疑的「姓」，憑空捏造家世來源。自稱源姓的德川氏和島津氏、平姓的織田氏，以及菅原姓的前田氏等都是假冒名義之徒。島津氏和織田氏的「姓」其實各是非主流的惟宗和忌部，至於德川氏和前田氏的本「姓」為何，仍是個謎。

《寬政重修諸家譜》裡收集了江戶時代幕臣的族譜，以清和源氏、藤原北家等「姓」分別收錄各家資料，但清和源氏這一族的最後卻備註了一群「同源但支流不詳」的姓，相同情況在其他「姓」裡也很常見，反倒令人對其真實「姓」多持懷疑的態度。這部史料的最後還有個「原本就姓不詳」的類別，分類收錄了眾多來歷不明的家族系譜。連幕臣家的記錄都是這樣的狀況了，更何況是其他人家？因此能明確知道自己「姓」什麼的，也可證明那人是出自名門世家。

江戶時代有姓氏的可不只武士

很多人以為江戶時代除了武士，一般人是沒有姓氏的。包括筆者在內，一定年齡以上的人在小學學到的大概是這樣。以前歷史老師教說「江戶時代裡除了武士，其他人是沒有姓氏的」，而且很多人可能都聽過類似明治政府突然要求大家都要有個姓，民眾情急之下只好拿村裡種植的蔬菜命名，或是請村裡的和尚隨便取的說法。

說「江戶時代只有武士才有姓」可是大錯特錯，其實教科書裡寫的是「武士之外不得以姓氏自稱」。教科書是由多位專家執筆、經嚴格審查編製而成的，不可能犯基本的錯誤。但這樣的寫法對於不全然專精在社會科的小學老師而言，要把它理解成「一般人其實是有姓的，只是禁止在正式場合使用」，恐怕過於強人所難。

誠如前述所言，室町時代裡農民已經有姓氏了。武士和農民本是出於同宗，如果江戶時代的武士有著列祖列宗流傳下來的姓，那麼農民也有。而且關原之戰結束戰國時代統一天下之後，滿地的武士一下沒了頭路，多數人只好棄武從農，這些武士出身的農民怎麼會沒有姓氏呢？

當然，也不是所有的人都有姓，譬如僧侶就是一群沒有正式姓氏稱呼的人，就算本來是有的，出家後也會捨棄不用。東西本願寺的法主直到明治時代政府強制要求僧侶也要冠上姓氏的時候才取了大谷這個姓。其實大谷氏是淨土真宗祖師親鸞的後裔，親鸞是朝臣日野家出身，肯定「姓」藤原，但法主一直到江戶時代都沒有正式取用該「姓」或其他姓氏，待明治之後才以親鸞在京都的廟堂所在地大谷為姓。

至於其他在出家前本來有姓的，登錄戶籍時也不用原本的姓，而是從佛教用語和經典裡取新的姓，讓人一看就知道是僧侶身分，這也是為什麼現代很多日本僧侶有著難解的姓。

另外還有一定數量以上的人是沒有姓氏的，他們在登錄戶籍時遇到的麻煩成了笑話，流傳至今。

現代日本人姓氏排行榜應該也能成為「江戶時代有姓氏的不只是武士」的旁證。日本第一大姓是「佐藤」，次之為「鈴木」。江戶時代武士占總人口約一成左右，那麼剩餘九成的人到了明治初期突然得冠用姓氏的時候，會先想到哪些姓？大部分的人應該會取個很普通的稱號才是，他們腦中也許會立刻閃過「田中」或「山本」，但是對大多數缺乏學識與文化涵養的人來說，要想出「佐藤」和「鈴木」的名稱恐怕有困難。再看到排名第五的「渡邊」，原來也不過是大阪一個地方的地名，又怎麼會成為前幾大姓？只能說佐藤、鈴本和渡邊等姓氏在江戶時代以前就已經遍及全國各地，而且使用這些稱呼的大多是占人口比例過半的農民。

登錄戶籍

明治五年（一八七二年）日本政府規定人民有登錄戶籍的義務，也就是壬申戶籍的由來。創建維新政府的要人裡有不少是幕末討伐幕府的志士，他們接二連三用假名從事游擊活動。新政府成立之後，為避免其他人仿效自己過去叛亂的作為，同時為了確保稅務課徵，因而將戶籍登錄義務化並且禁止變更姓名。

在制定戶籍之前，日本政府曾於明治三年（一八七〇年）九月十九日頒布《平民苗字許可令》，允許平民擁有正式的姓氏稱呼，但未能全面普及，進而在明治八年（一八七五年）二月十三日又頒布《平民苗字必稱義務令》，規定所有人必須使用姓氏。

這時用來登錄戶籍的，既非遠古流傳下來的「姓」，也不是平安時代以後出現的家號（參見P.14），而是「氏（shi）」。要求人民用「姓」登錄的話，很多人不知道自己「姓」什麼；用家號，又礙於有些人只用「姓」不用家號，因而誕生了氏的概念，隨民眾喜好，不分「姓」和家號都能拿來登錄戶籍。

事實上大部分的人登錄的是家號，使用「姓」的占少數，而沒有家號也沒有「姓」的就想個氏來登錄。也有一部分有「姓」有家號的人，兩個都沒用卻另外取了新的姓氏，例如長州藩重臣的桂小五郎，「姓」大江、家號為桂，在戶籍上登錄的卻是藩主所賜的木戶。

強制戶籍登錄的結果，讓「氏」、「姓」和「名字」在現代日語裡沒有特別區分，但仍可隱約感覺到「名字」多用於一般日常生活，而「姓」和「氏」多用在正式場合。

話說回來，日文漢字的「名字」又可寫做「苗字」，但兩者之間有何不同？從語言發展過程來看，「名字」出現的較早，有一說是因為武士把領地名稱（日語：名田）做為自己的別名（日語：字）而發展成「名字」，但實情如何不得而知。相較之下，「苗字」是比較新的用詞，「苗」有子孫的意思，大約從江戶時代開始「苗字」便用來表示同族的姓氏。後來因明治政府頒布《平民苗字許可令》和《平民苗字必稱義務令》時採用「苗字」兩字為題，導致一部分的人以為「苗字」才是正式寫法，但實際上「名字」也好、「苗字」也好，都是正確用法，並沒有哪個才是正式的區分。

日本究竟有多少姓氏

日本究竟有多少姓氏？聽到「為數不明」的答案時，總讓許多人感到驚訝。

要知道總數有多少，得逐一清查所有戶籍資料，這不是個人可以辦到的，只有國家才做得到。日本每五年就會進行一次國勢調查，雖然可以藉此機會順便調查姓氏的種類，但很可惜的是日本政府並不這麼做。放眼其他國家，利用國勢調查發表姓氏總數的大概也只有韓國。韓國人重視姓氏，而且種類在三百以下，要統計也不是難事。

幾乎所有的國家，包括日本在內，所發表的姓氏總數都是根據樣本調查而來的概數。尤其在日本，同一個漢字寫法可能不只一種，唸法也不盡相同，計算方式的差異會導出截然不同的結果。在完全忽略漢字寫法和唸法的差異下，估計約十萬種；若把個別差異都視為一種，搞不好有將近二十萬種；把藝名、筆名、相撲力士的稱號（四股名）和「縣犬養橘」這類古代人的姓氏也算在內的話，就會超乎二十萬。此外也有不少是把「子子子子」和「春夏秋冬」這種實際上不存在的姓給算進去的。

能否從姓氏百科辭典和族譜找到自己的根源？

那麼日本人如果想知道自己的姓氏由來，該怎麼做？拿名字去問爸媽一般都能得到解答，因為再奇特的名字肯定都有命名的理由。但如果問的是為什麼叫這個姓，爸媽也會感到困惑，因為那不是他們取的。跑去問學校的老師恐怕也愛莫能助，就算是歷史老師，在大學的時候也未必學過相關知識。

這下如何是好？最好的方法是去圖書館查資料。圖書館裡通常有姓氏百科辭典這類的藏書，裡頭記載了百家姓的源起，有的還會收錄族譜在內，若能翻到跟自己姓氏相同的族譜稱得上幸運。但，這樣就滿足了嗎？

姓氏百科辭典裡收錄的基本上是名門世家，能放上族譜的更是名家裡的名家。舉例來說，日本全國有分屬不同家系、總數約在一百三十五萬人的田中桑，他們絕大部分跟姓氏百科裡少數可查到的清和源氏里見氏庶流（旁支）、藤原姓宇都宮氏庶流，以及石清水八幡宮神官紀姓的田中氏等都沒關係。再者，跟書中族譜有直接關係的一定也知道自己的出身背景，好比公家裡有個山本氏，其後裔在日本所有的山本桑裡占了還不到百分之零點一，但他們一定都知道自己的根來自何處，很難想像古代重要朝臣的子孫後代是在看了姓氏百科之後才知道自己的祖先大有來頭。

喜歡到圖書館收集族譜的作者我本人，在學生時代裡曾天真的以為只要徹底清查這類資料就能了解日本姓氏的全貌，調查過程中雖然大有斬獲，但也發現不少漏網之魚，而且有的還是常見的姓氏，看來資料收集得再完整也無法將日本所有的姓氏一網打盡。

我後來才注意到原因出乎意料地簡單，圖書館裡能找到的幾乎都是武士階級的族譜，而武士占當時人口的比例僅止百分之一。想由已知的一成推知其他未知的九成是不可能的，要縱觀全貌就得從一般平民的姓氏調查起。

話說回來，文獻裡幾乎沒有留下跟庶民有關的姓氏公開資料，無法構成充足的證據，只好借助民俗學和地理學等周邊調查排解疑雲再下綜合判斷。現在雖然仍有人認為必須有一級的文獻資料才能認同其真實性，但姓氏並非官方指派，是時代發展過程中自然發生的。

歷史，並不只存在於文獻裡。

第1章——從由來尋根

本章登場的日本姓氏（保留原文、依揭示順序排序、省略重複者）

千葉 埼玉 國司 五代 神々廻 鳥星 大童 書上 帷子 軽石 國ノ十 結束 算用子 四ヶ所 四十九 紀 知識 四
十九院 弟子丸 天日 十時 奴留湯 乗附 二六 分校 屏 保母 万歳 夜交 龍神 和食 中村 石川 横浜 赤穂 渡
邊 佐佐木 渡部 小笠原 深志 伊那鈴岡 松尾 本山 村上 津軽 大浦 葛西 南部 長谷川 三浦 金子 五十嵐
板倉 伊東 宇佐美 宇都宮 及川 越智 小野寺 菊池 熊谷 児玉 椎名 妹尾 相馬 筒井 富樫 那須 丹羽 畠山
望月 茂木 結城 青山 神保 内藤 信長 貞広 重成 高麗 久米 山田 稲田 米田 鈴木 畑 畠 白田 畔柳 黒柳
山中 山内 田上 田下 山下 山本 山元 山根 山崎 宮崎 寺崎 岬 三崎 峠 田尾 垰 鳥越 舟越 船越 辻 三日
市 五日市 郷 浦 浦川 浦田 松浦 田浦 沢 沢辺 沢部 沢田 沢村 滝 滝川 滝沢 滝本 滝下 滝上 鍵掛 轟
轟木 等々力 舎利弗 鳴瀬 成瀬 鳴滝 百目鬼 百目木 鳴海 成海 成見 水流 津留 上水流 下水流 大津留 津
留崎 泉 小泉 涌井 清水 志水 林 小林 大林 森 泓 浮池 福家 牟田 中牟田 西牟田 牟田口 谷内 谷地 矢
地 川合 河合 川相 河相 落合 堤 土手 仁科 港 湊 大津 新津 今津 船津 舟津 船場 舟場 迫 硲 佐古 峪
窄 大迫 迫田 谷 谷戸 谷津 洞 原 野原 野口 原口 大野 広野 大平 中平 小平 園 薗 内園 内薗 外園 外
薗 内囿 外囿 別府 北別府 西別府 岡 塚 大塚 塚原 塚野 塙 花輪 窪 久保 久保田 大久保 阿久津 圷 安
久津 羽仁 羽生 土生 羽田 羽根田 赤羽 赤羽根 赤埴 佐藤 寺川 宮川 寺田 宮田 神田 宮下 宮本 寺下 寺
本 宮上 寺上 御手洗 高橋 膳 安曇 安住 橋本 大橋 石橋 舟橋 船橋 城山 館 舘 古城 古館 古舘 堀 堀内
堀川 堀河 堀江 石垣 土居 土井 垣内 垣外 墻内 寺垣内 次郎垣内 内垣内 円垣内 岡田垣内 垣外中 桑垣
内 庄垣内 室垣内 六垣内 新治 治田 春田 張替 張谷 針谷 針ヶ谷 針替 針貝 荒木 荒木田 開 開田 新開
真貝 新貝 新海 新階 大室 小室 室山 室田 室井 古室 二階 三階 松本 松田 松井 松尾 小松 松岡 松下
松村 松原 杉山 杉本 上杉 桑子 楢岡 楢川 奈良井 奈良岡 椎田 椎木 四位 志位 葛井 藤井 藤田 藤本 藤
山 二本松 三本杉 六本木 竹下 竹本 松永 松崎 村松 松山 松島 松沢 松野 若松 松川 植松 松木 赤松 松
元 松橋 松林 永松 松葉 松坂 松谷 吉松 小松原 末松 久松 松倉 笠松 松藤 松丸 松宮 杉浦 杉田 杉原
杉村 小杉 杉野 杉崎 高杉 若杉 大杉 杉江 杉谷 杉森 杉岡 杉 杉沢 藤沢 藤川 藤岡 藤村 藤野 藤原 藤
森 藤崎 藤木 藤島 藤山 藤江 藤枝 藤谷 藤倉 藤永 大藤 藤平 谷藤 藤尾 竹内 竹田 大竹 竹中 竹村 竹
原 竹沢 竹林 竹山 竹島 竹之内 竹井 竹川 小竹 竹谷 竹野 竹森 萩原 萩野 柳沢 柳田 小柳 柳 高柳 柳

原　柳川　柳瀬　柳井　柳沼　柳本　柳谷　桑原　桑田　桑野　高桑　桑山　桑名　栗原　栗田　栗山　栗林　小栗　栗本　栗
栖　桜井　桜田　桜庭　桜木　梅田　梅沢　梅原　梅本　梅津　梅村　梅木　梅野　梅崎　梶原　梶田　梶　梶山　梶谷　梶川
梶本　柏木　柏原　柏崎　柏　柏倉　柿沼　柿崎　柿本　柿原　椎葉　榎本　榎　椿　榊原　榊　楠本　楠　楠田　楠木　桐山
桐原　犬飼　犬塚　犬伏　犬童　犬丸　犬山　犬井　猫田　牛島　牛田　牛山　牛尾　牛丸　牛嶋　牛込　牛木　有馬　対馬
駒井　駒田　駒形　駒沢　駒場　駒崎　馬場　牧　大熊　熊沢　熊田　熊倉　鳩山　鳩貝　鷲見　鷲尾　鷹野　鷹取　鴨志田
鴨川　鴨下　鴨田　鴨井　鷺　鷺谷　鷺坂　鮫島　鯉沼　鯉淵　鯉渕　鯉江　小鮒　川井　池井　沼井　海井　塩井　汐井　井
上　井下　井口　井ノ口　樋口　筧　関　関口　関川　関田　関山　溝口　溝辺　溝部　杉井　新井　荒井　今井　古井　袋井
袋　海老沢　海老原　川瀬　河瀬　海瀬　沼瀬　池瀬　川越　水越　川淵　川渕　河淵　河渕　河原　川原　中洲　中島　洲之
内　須之内　江戸　江口　島　嶋　嶌　岸　岸本　岸川　岸田　山岸　倉田　高倉　石倉　倉本　羽毛田　比良　新田　西出　北
出　五郎丸　田中丸　太郎丸　九郎丸　七郎丸　佐村河内　空河内　坊　坊野　坊田　一条　三条　五条　八条　東条　西条
南条　北条　上条　中条　下条　坪田　坪井　坪内　本庄　本荘　新荘　新庄　荘　庄　古川　新川　今川　元村　古村　新村
今村　古田　今田　古屋　古家　新家　青木　黒田　白石　白井　黒木　黒川　黒沢　石黒　青柳　白川　黒岩　赤木　目黒
赤坂　青野　黒崎　白鳥　緑川　茶畑　茶園　紺野　金持　白野　白坂　黒野　黒坂　広田　広畑　広山　広沢　広川　弘田
弘川　五反田　八反田　吉原　芦川　吉川　吉野　福富　吉田　吉村　福田　富田　福山　富山　冨田　冨山　幸田　幸野　宝
田　宝来　財津　財部　福寿　寿　小川　東　西　南　北　中　中川　中山　東川　乾　艮　巽　坤　辰巳　辰己　北山　西川　東
山　西山　南山　東田　西田　南田　北田　東野　西野　南野　北野　南川　北川　東村　西村　南村　北村　東沢　西沢　南
沢　北沢　東原　西原　南原　北原　坂上　坂下　山上　川上　川下　寺前　宮前　橋前　城前　前田　前川　財前　後田　後
後山　後原　表　裏　内田　外田　近山　遠山　右田　右近　左近　横山　横田　横井　横尾　横川　横内　横溝　横沢　横手
横江　門脇　宮脇　森脇　西脇　脇田　山脇　脇　脇坂　川端　河端　田端　池端　江端　溝端　山端　犬養　鳥飼　鵜飼　牛
飼　三宅　田部　田辺　戸部　大蔵　服部　錦織　郡司　軍司　郷司　村主　刀禰　刀袮　刀根　弓削　須恵　陶　海部　矢作
長谷部　軽部　白髪　白神　荘司　庄司　東海林　庄子　正司　公文　下司　税所　才所　最所　最初　少弐　留守　土倉　越
後屋　越後谷　越後　紺谷　加賀谷　加賀屋　播磨谷　播磨屋　刀谷　河内谷　鍋谷　鱠谷　番匠谷　日根野谷　小間物谷
名小路谷　風呂谷　網　石灰　米　伊勢　伊藤　加藤　遠藤　近藤　尾藤　紀藤　後藤　雲藤　須藤　工藤　斎藤　武藤　内藤
安藤　斉藤　齋藤　齊藤　無敵　百武　帰家　小粥　昼間　島津　浅野　大谷　釈　梵　玉虫　舌　肥満　風呂　大朏　大月　佐
野　二十里　田中　足利　徳川　織田　源　平

地名由來的姓氏

日本有超過十萬種姓氏，雖然源流不盡相同，但基本上都始於地名。如同序章裡提到的，貴族的姓是取自宅邸和別墅的所在地，武士則取用支配地的名稱為姓，因此姓氏是發祥於地名。

以武士來說，由於鎌倉時代原則上採分割繼承制度，傳承家業的嫡子（不一定是長子）在繼承領地的同時也承襲父姓，庶子們則分家出去自成一族。當時仍留有大量荒地，庶子分家後就近在本家周圍開荒墾殖，取用當地地名為姓，自立並支持本家，因此兄弟之間不同姓並不是什麼罕見的事。翻開中世有力武家的族譜後就能發現，許多姓氏跟本家附近的地名幾乎相同（參見 P.17）。

到了江戶時代，武士階級姓氏增加的情況已經減緩。原因是當時的土地幾乎都已私有化，很難找到一塊無人居住的土地圈地為王。又，江戶時代的武家社會盛行官僚制度，效忠幕府的幕臣和藩士再也無法隨個人喜好變更姓氏。淪為浪人的話或能從官僚制度的枷鎖中獲得解脫，但也得面臨難以延續後代的事實。

許多庶民的姓也來自於地名。即使現在遇到法事等親戚聚在一起的場合時，同姓之間也常以居住地來區分彼此，例如「大阪的阿伯」和「名古屋的阿姨」等。舊時礙於耕地無法四處遷居的農民，便將稱謂裡的「大阪」、「名古屋」等固定化成了姓氏。

（圖）埼玉縣行田市的「埼玉」

不過古人不像現代人一樣散居各地，以前親戚都集中住在附近，出於本家和分家處在同一地區，廣域名稱相同，為區別彼此就需要用到「大字」和「小字」（註：「大字」和「小字」是始於明治時代的行政區劃單位，整個分層大致如下：市↓町↓村↓大字↓小字。）等更細部的劃分，小地名也就成了姓氏的主要發祥地，少有姓氏是取用當今縣市名稱的。

譬如發源於千葉的「**千葉**」這個姓，並非來自現在的千葉縣或千葉市，而是過去千葉市裡一個叫千葉莊的地方。同樣地，跟埼玉縣名稱相同但屬罕見的姓「**埼玉**」，也不是來自埼玉縣或埼玉郡，而是埼玉縣行田市裡行政區劃屬大字的埼玉。

不同於武士階級，農民的姓氏在江戶時代仍持續增加。隨農耕機具的改良、治水工事的發達及幕府和地方藩國的獎勵，各地盛行開墾新田，吸引了新住民到來。為區別原先取用當地名稱做為姓氏的住民和新田的住民而有了新的姓氏。

以地名為由來的姓氏很容易找到源頭，只要對照名稱即可。唯其發祥地通常來自小地方名稱，在左右對開的縣市地圖裡不一定找得到。利用網路查詢時，雖然大部分會標到大字等級的行政區域，但不保證全數網羅在內，所以如果查無此地名的話，也不表示那個姓氏就不是來自地名。

而且地方名稱五花八門，不少看似跟地名無關的姓氏其實發源自地名，長州藩家老的**國司**氏便是一例。喜歡幕末和維新那段歷史的人可能聽過長州藩三位家老之一的國司信濃，他在幕末因禁門之變切腹謝罪。其姓氏看似跟古代從中央派任地方官職的「國司」有關，卻是出於中國地方自中世以來的名家——廣島縣一個叫國司的地方。

NHK 晨間劇【阿淺來了】裡由日本男星藤岡靛飾演而大受歡迎的角色五代友厚，是出身薩摩藩的實業家。**五代**這個姓也是源自鹿兒島縣薩摩川內市一個叫五代的地方，而不是哪個人的第五代祖先。

東京都內有個超級難唸的姓叫「**神々廻**（Shishiba）」，就從字面而言似乎跟神道有關，或是有著什麼獨特由來，但這也是出自於千葉縣白井市神神迴這個地方。

其他還有「**烏星**」（廣島縣）、「**大童**」（宮城縣）、「**書上**」（群馬縣）、「**帷子**」（岩手縣）、「**輕石**」（岩手縣）、「**國之十**」（國ノ十，鹿兒島縣）、「**結束**」（茨城縣）、「**算**

用子」（青森縣）、「**四所**」（四ヶ所，福岡縣）、「**四十九**」（富山縣）、「**糺**」（石川縣）、「**知識**」（鹿兒島縣）、「**四十九院**」（福島縣）、「**弟子丸**」（鹿兒島縣）、「**天日**」（石川縣）、「**十時**」（大分縣）、「**奴留湯**」（熊本縣）、「**乘附**」（群馬縣）、「**二六**」（石川縣）、「**分校**」（石川縣）、「**屏**」（福岡縣）、「**保母**」（三重縣）、「**萬歳**」（奈良縣）、「**夜交**」（長野縣）、「**龍神**」（和歌山縣）、「**和食**」（高知縣）等這麼多令人意想不到竟是發源於地名的姓氏。

源頭鎖定一處的渡邊和佐佐木

探索地名由來的姓氏時，有兩個需要注意的地方，第一是相同地名可能出現在好幾處。地名是由當地人取的，同樣是講日語的日本人，除非有什麼特殊因素取了個與眾不同的名稱，否則最好有「相同地名也會出現在其他地方」的認知。我們不難想像日本各地都有叫「**中村**」和「**石川**」的地方，但一些罕見的地名有時也會意外鬧雙胞。

此外，成為姓氏發祥地的並非是現代重要地名。譬如「**橫濱**」這個姓雖是地名由來，但跟現在的橫濱市幾乎無緣，況且橫濱是在幕末才發展起來，而姓氏在中世之後便廣為流傳了。其實日本的橫濱桑多集中在青森縣，縣裡也有個叫橫濱的地方，青森縣幾乎是所有橫濱桑的發源地。

絕大部分的日本人看到「**赤穗**」這個姓都會聯想到戲劇【忠臣藏】裡赤穗義士的故鄉播

州赤穗而唸成「Ako」。話雖如此，叫「Ako」的赤穗桑僅占同姓約三分之二，其他的三分之一叫「Akaho」，跟長野縣駒根市中心的赤穗唸法相同。日本鐵路公司（JR）赤穗線在兵庫縣赤穗市內有個叫「播州赤穗（Banshu-Ako）」的站，而過去長野縣駒根市內的飯田線上也有個寫成「赤穗」但唸成「Akaho」的站。隨戰後昭和二十九年（一九五四年）長野縣上伊那郡的赤穗町和郡內其他村町合併、改名駒根市之後，赤穗站的名稱也改為「駒根」，以致現在聽到「赤穗」只會想到兵庫縣的赤穗市，在以前可不是如此。實際上長野縣姓赤穗（Akaho）的也很多。

地名由來的姓氏裡，有來自各地相同名稱者，也有源頭鎖定在一處、爾後擴散到全國各地的，排名第五大姓的「**渡邊**」和第十三的「**佐佐木**」便是具代表性的例子。

「渡邊」是地名由來的最大姓，發源於現大阪中心地帶的中之島地區。這裡在平安時代是沿海地區，從京都順淀川而下在此出海，是個熱鬧的港口，因位在渡船口附近而取地名為渡邊。以渡邊為根據地的是嵯峨天皇的後裔嵯峨源氏一族的武士，他們取地名為姓，成了「渡邊」一族，因擅於駕船，得以乘海路在日本各地落腳。渡邊還有個同源異字的姓寫成「**渡部**」，唸成 Watanabe 或 Watabe。

「佐佐木」一姓是出自滋賀縣地名，該地同時有著自古便世居當地的氏族佐佐木氏，以及平安時代從中央派遣到地方、屬宇多源氏的佐佐木氏兩者，雖然分屬不同氏族，但起源地是相同的。

聚集在全國特定區域的小笠原氏

「**小笠原**」是個歷史發展與現代族人分布幾乎一致的珍奇姓氏，在全國排名第二三六，也算得上是大姓，卻只分布在特定地區，令許多人視為奇聞。從歷史觀點來看，該氏族曾出過戰國大名和近世大名，熟悉歷史的人將其視為名家，但很少在教科書裡出現的關係，一般來說知名度不高。

小笠原一族來自甲斐國，當今山梨縣南阿爾卑斯市裡一個叫小笠原的地方，住在這裡的清和源氏一族取地名為姓，成了小笠原氏的始祖，並發展成清和源氏底下一支名門，向外擴張。

小笠原長清追隨源賴朝立下戰功，成了信濃國伴野莊（現長野縣）的地頭（註：封建時代管理莊園的莊主），之後任阿波國（德島縣）守護。建武新政時期，小笠原貞宗任信濃國守護，把根據地移到筑摩郡井川（長野縣松本市），爾後分裂成**深志**、**伊那**、**鈴岡**和**松尾**三家。

嫡系的深志家又稱府中小笠原氏，曾在戰國時代統一小笠原一族，後因武田信玄進攻信濃一度滅亡。在德川家康的支援下貞慶得以收復舊領地，在江戶時代成了豐前小倉藩、領十五萬石俸祿的譜代大名。安志藩、千束藩和唐津藩的藩主小笠原氏便是府中小笠原氏的分家。

反之，松尾家的小笠原氏到了信嶺那一代先是為武田信玄效力，武田氏滅亡後又臣服於德川家康，元祿四年（一六九一年）傳到貞信時坐擁越前勝山藩主。

深志和松尾兩氏的小笠原一族共出了五個大名，成為江戶時代屈指可數的名家，而小笠原一族的風華尚不止如此。

小笠原氏在室町時代於日本全國有高達二十處領地，一族從而分散各地。最有名的是京都的小笠原氏，宗祖為小笠原貞宗的弟弟貞長，到了持長這一代成為室町幕府第六代將軍足利義教的近臣，建立了小笠源流弓馬（騎射武術）的基礎，進入江戶時代後分成旗本與熊本藩士兩家。

小笠原氏最大的庶流應是阿波（現德島縣）的小笠原氏。鎌倉時代阿波國守護小笠原長房的四男長宗，定居此地成為阿波小笠原氏始祖，世居一城，直到十二代的成助被長宗我部元親攻陷城池，只好愴然離去。

小笠原成助的族人在室町時代輾轉來到土佐北部長岡郡的豐永（現高知縣長岡郡大豐町），定居成為土佐小笠原氏，後來受到**本山**氏壓迫而沒落，但在江戶時代成為土佐藩士，住在高知城下。

石見小笠原氏是鎌倉時代從阿波小笠原家分家的旁支，始於小笠原長親在弘安之役（元軍侵日，一二八一年）建功受領石見國邑智郡（現島根縣川本町），後世以溫湯城為居，並於江戶時代成為長州藩士。

另有一支從信濃移向南方，來到尾張的小笠原氏在戰國時代占據了三河的吉良糠塚城，關原之戰後小笠原吉次受命成為松平忠吉的家老。其嫡傳子嗣雖然滅亡了，但四男服侍於德川義直，在江戶時代成為尾張藩的重臣。

那麼小笠原氏族人現在的分布情形如何？最多的是在東北，次為四國、中國、東海和甲信等地，九州、沖繩和北陸較少。

進一步看到東海和甲信地方，小笠原氏占人口比例最多的是山梨縣，但不特定集中在縣內某個區域，那是因為這裡是小笠原一族發源的大本營，正因為是有力氏族而能擴及各地。

人口比例次之的是橫跨長野縣南部、愛知縣三河地方與靜岡縣遠江地方等地的小笠原氏。長野縣南部是信濃小笠原氏的根據地，於戰國時代向外擴張到三河與遠江，不斷在武田氏和松平（德川）氏之間展開攻防戰。

四國地方則以高知縣居冠，從這裡向德島縣西部和香川縣南部拓展。四國的小笠原氏以阿波為根據地，在戰國時代遭長宗我部氏所滅，因而沒能繁衍出旺盛的子孫後代。

就人口比例來說，土佐小笠原氏根據地的高知縣大豐町裡叫小笠原的占比最高，現在仍是當地最大姓。次之為高知市，是江戶時代土佐藩士小笠原本家的根據地。

在愛媛縣東予地區也有小笠原氏聚集，尤其是瀨戶內海一個叫大三島的島嶼，這裡曾是戰國時代村上水軍（海賊）所控制的場所。海賊王**村上**原是信濃村上氏一族，於鎌倉時代牽移至此成了海賊，家臣裡有許多是從信濃時代就跟著來的。

中國地方以島根縣的小笠原氏占壓倒性多數，集中在從島根縣邑智郡到廣島縣山縣郡一帶，這裡是阿波小笠原氏支流——石見小笠原氏——的根據地。

那麼分布最多的東北地方又是如何？小笠原是青森縣內第十三大姓，該縣同時也是全日本最多小笠原氏聚集的地方。由於戰國時代以前的東北北部歷史記載不詳，只知道治理陸奧國津輕地方的戰國大名**津輕（大浦）**氏裡有個重臣叫小笠原氏，但出身不明。

說來東北北部在平安時代以前半屬化外之地，不受朝廷管轄，直到在源平之戰勝出的源賴朝滅了奧州藤原氏之後才把東北收為領地，賜給御家人（自己門下的武士），再由御家人分家派駐前往當地治理。

這時遷移到東北地方的有下總的**葛西**氏和千葉氏，以及甲斐的**南部**氏等，各是名家出身。葛西氏和千葉氏屬桓武平氏，南部氏則出自清和源氏裡的甲斐源氏，跟小笠原氏是同族。這些名門後代把底下支配的氏族也一起帶到東北，甲斐出身的南部氏底下應該有屬於小笠原氏一族的武士，跟隨主子到陸奧，從而在津輕氏之下嶄露頭角，在青森為主的東北北部一帶擴散開來。

這麼看來，小笠原一族的興衰史跟當今族人分布的情況是一致的，可見現代姓氏人口的分布常跟一族的歷史發展有著密切的關係。

小笠原氏和南部氏的關係圖

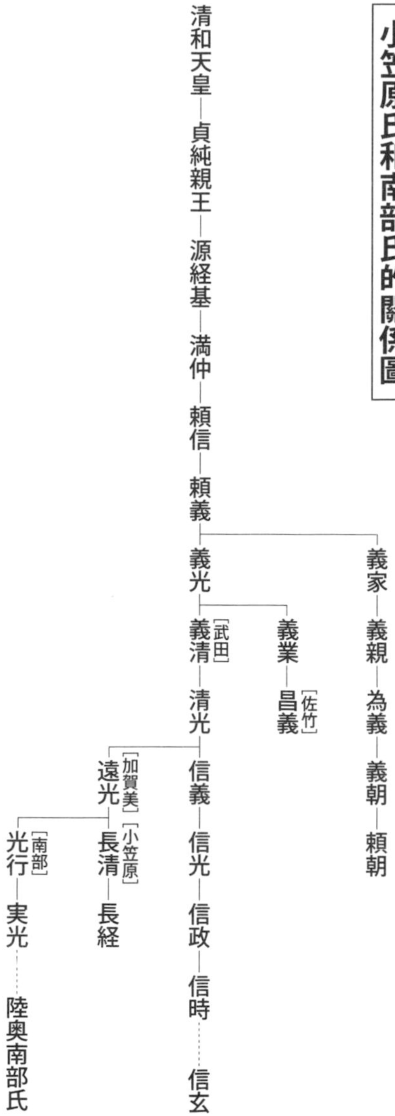

初瀨川↓長谷川

長谷川氏也是出自一地，即現奈良縣櫻井市的初瀨川，位在大和川上游，這一帶在過去叫「泊瀨」（Hatsuse）。「泊」有泊船的意思，古代可由當時叫茅渟海的大阪灣乘船溯大和川而上，把船停靠在支流初瀨川上游叫「泊瀨」的地方。

初瀨川沿岸是東西走向細長的峽谷而寫成「長谷」，唸成「Hatsuse」，爾後「tsu」的發音被拿掉成了「Hase」，河川本身也多了「長谷川」的稱呼。

古代以此為根據地的是活躍於五世紀末期的第二十一代天皇雄略天皇。為了替遭暗殺的兄長安康天皇報仇而弒殺其他兩位哥哥的歷史記載，讓他成了日本古代天皇裡特殊的存在。《古事紀》和《日本書紀》也把雄略天皇描寫成性格粗暴的人，即位後也確實樹立不少政敵，才會把當時的大和政權設在深入內地的初瀨。

雄略天皇利用從中國大陸和朝鮮半島來的渡來人儲備力量，討伐伊勢和吉備的豪族，掌握強大的權力，進而在全國各地擁有許多領地。為管理這些領地，雄略天皇把最信賴的家臣派遣到各地。有一說是那些家臣的子孫後來取雄略天皇的根據地「長谷川」為姓。

現在大概很少人記得這位天皇，但日本現存最古老的詩歌集《萬葉集》是始於雄略天皇，歷史最悠久的故事集《日本靈異記》也是從雄略天皇的時代闡述起，可見雄略天皇對古代的巨大影響力。跟這麼一位皇室有所關聯的姓氏也許就是因為這樣才能一直沿用不變。

另外，室町時代時初瀨川的周邊也出現了被稱為「長谷川黨」的武士團，代代仕於足利將軍家。長谷川黨度過紛亂的戰國時代，在江戶時代成了領有逾三千石俸祿的大身旗本。後世也出了一位年俸一千七百五十五石的大身旗本長谷川氏，並從分家的後代裡出了個取締縱火、盜賊和賭博的保安官鬼平——長谷川平藏以宣。很多人以為鬼平是池波正太郎筆下虛構的人物，其實是存在於江戶時代中期的真實人物。

現在姓「長谷川」最多的是在新潟縣，並從這裡向北陸和出羽地方等日本海沿海拓展。其他如全國排名第四十六的「**三浦**」和第五十五的「**金子**」等大姓也都是出自同源。三

初瀨川上游綿延的山谷 攝影／森岡直浩

浦的發源地為神奈川縣的三浦半島，以此為根據地的桓武平氏支流三浦一族從這裡分散到全國各地。金子這個姓也是地名由來，取自埼玉縣飯能市的舊稱，傳說是武藏七黨之一，村山黨一族的金子氏後裔（參見 P.109）。

從特定地名由來的主要姓氏

五十嵐	越後國沼垂郡五十嵐	新潟縣三條市
板倉	下野國足利郡板倉	栃木縣足利市
伊東	伊豆國田方郡伊東	靜岡縣伊東市
宇佐美	伊豆國田方郡宇佐美	靜岡縣伊東市
宇都宮	下野國河內郡宇都宮	栃木縣宇都宮市
及川	但馬國城崎郡及川	兵庫縣（現址不詳）
越智	伊國越智郡	愛媛縣
小野寺	下野國都賀郡小野寺	栃木縣栃木市
菊池	肥後國菊池郡	熊本縣
熊谷	武藏國大里郡熊谷	埼玉縣熊谷市
兒玉	武藏國兒玉郡兒玉	埼玉縣本庄市
椎名	下總國千葉郡椎名	千葉縣千葉市
妹尾	備中國都宇郡妹尾	岡山縣岡山市
相馬	下總國相馬郡	茨城縣
千葉	下總國千葉郡千葉	千葉縣千葉市
筒井	大和國添下郡筒井	良縣大和郡山市
富樫	加賀國石川郡富樫	石川縣金澤市

那須 下野國那須郡 栃木縣

丹羽 尾張國丹羽郡 愛知縣

畠山 武藏國男衾郡畠山 埼玉縣深谷市附近

望月 信濃國佐久郡望月 長野縣佐久市

茂木 下野國芳賀郡茂木 栃木縣茂木町

結城 下總國結城郡 茨城縣

注意！也有人名由來的地名

探尋地名由來姓氏的第二個注意點是，姓氏所取用的非當今地方名稱，而是江戶時代以前的地名，因此叫「大田」的日本人沒有一個是出自二戰結束後，由大森和蒲田兩區合併，取大森的「大」和蒲田的「蒲」而成的東京大田區。

反之，有的地名已經消失，譬如「渡邊」的發源地渡邊地區。該地區在戰後重新編整地名之後走入歷史，經渡邊氏宗親強力要求之下才在祖先發源地的一角保留了「大阪市中央區久太郎町四丁目 渡邊」這樣一個特殊地名，但事實上已經失去一般地名的作用。又，「**佐佐木**」的發源地近江國佐佐木也因屬廣域名稱，隨域內出現細部名稱劃分之後而消失。無論如何，兩者都已經從現代地圖上消失，遇到這種情形時必須特別注意。

我們已經知道許多姓氏跟地名有關，但是在那些地名之中也有部分是來自人名的，像新開墾的無名地有時會以當地有力人士為名，這時該地就不是同名姓氏的發源地。江戶的地名如「**青山**」、「**神保**」和「**內藤**」等，就有許多是以大名或旗本的姓為名，但不代表青山、神保和內藤氏的發源地。

山陽地方有許多讓人以為是名字的姓，如「信長」、「**貞廣**」和「**重成**」等。這是因為一開始是拿個人名字做為領地名稱，爾後住民又拿地名來當作姓氏的關係，形成了名字→地名→姓氏的發展過程。

「**高麗**」原本是古代稱呼從朝鮮半島的高麗渡海而來的人（渡來人），他們居住的地方也叫「高麗」，後來遷居此地的人們又以地名「高麗」為姓，形成外國地名→渡來人的姓→日本地名→姓氏的變遷過程。

同樣地，大和時代久米地區的豪族久米氏子孫遷居各地之後，日本也出現許多叫「久米」的地方，爾後住在當地的又以「久米」做為自己的姓。因此「久米」雖然是相同地名不同地區由來的姓氏，源頭卻是奈良縣。

地形、風景由來的姓氏

同一個地方有多戶人家居住的情況下，很難用地名來區分彼此，這時能以地名自居的只有支配者或是有力人士一族，其他人則以住家所在的地形和風景做為稱呼。

日本國土群山環繞，平地成為耕種田地的重要資源。植物生長需要從河川或池塘引水灌溉，因此地形由來的姓氏裡多數含有「山」、「川」、「谷」、「池」、「田」和「畑」等字。

雖然不確定姓氏從何時普及於民間，推測是在室町時代左右，大力開荒闢地之下，村莊人口也不斷增加。

如今徒留招牌的「渡邊」發祥地
攝影／森岡直浩

中世的日本人喜歡住在山谷裡，除了流貫的河川便於開闢水田，單一出入口的地形也形成天然防禦屏障，領主會把宅邸設在谷口附近，領地住民則向谷內延伸農耕生活。

平安時代裡還有半數的土地尚未開發，到了室町時代山谷間的平地幾乎全開闢成水田，人口也增加了，或許是為了區分彼此而自然發展出姓氏。

人們在被「山」環繞的「谷」裡，利用流經中央的河「川」和「池」水灌溉「田」地耕種、收成「稻」「米」，因此地形由來的姓氏裡不乏「山」、「田」、「川」等字。像「**山田**」、「**稻田**」和「**米田**」，聽起來就很日本。

稻子收割後需堆在田裡曝晒使水分蒸發乾燥，堆稻叢的方式與稱呼因地而異。在紀伊半島是以長棍為軸、堆成特殊形狀，在當地叫「Susuki」或「Suzuki」，也就是日本大姓之一「鈴木」的由來。古代朝廷視為信仰重鎮的熊野地區裡，神官都叫「**鈴木**」，鎌倉時代之後朝廷的影響力衰退，鈴木一族於是向東日本移動，在各地落腳搭建熊野神社宣傳信仰，族人廣布東日本各地。

在水利不佳、無法做成水田的地方就開闢成旱田，日語用「**畑**」或「**畠**」（均唸作Hata）來表示。「畠」這個字可拆成「白」與「田」兩字，所以旱田又叫「**白田**」。

田地的邊界線叫「畔」（Kuro），在田邊種植楊柳的就以「**畔柳**」自稱，後來演變成「**黑柳**」。

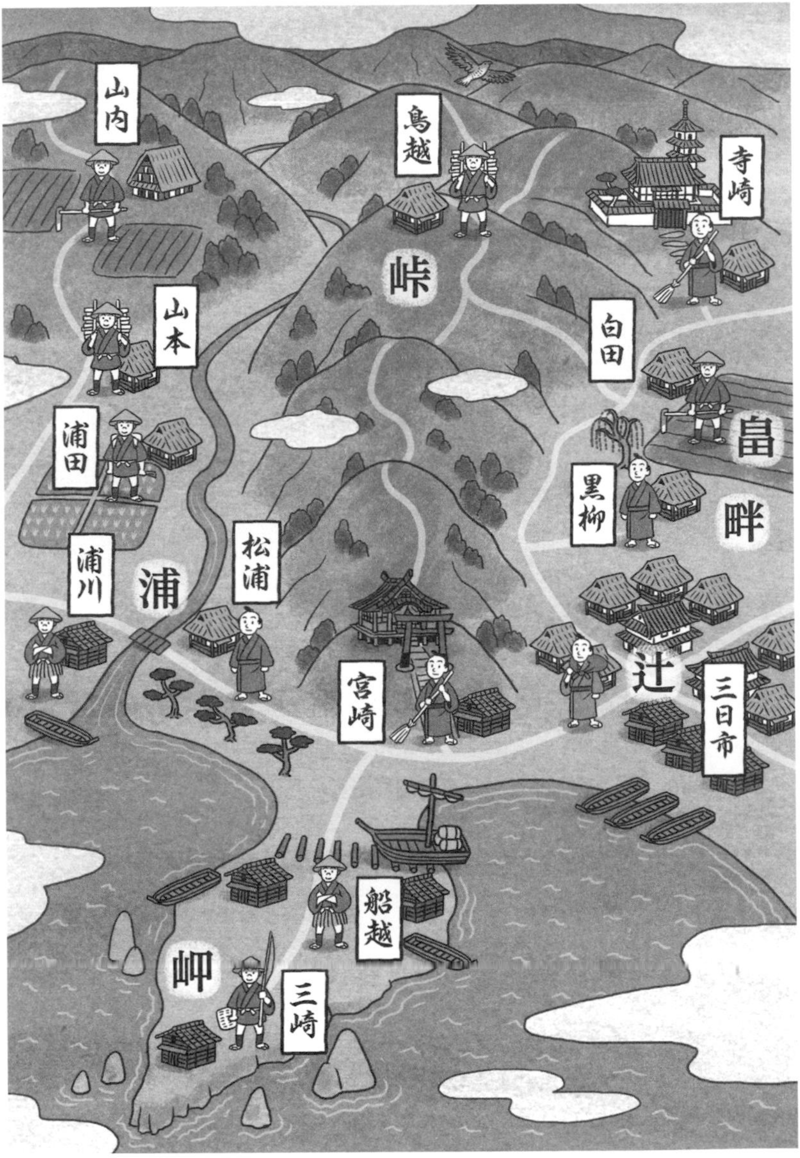

日本隨處可見的鄉間景色蘊育了多元的姓氏

平原稀少的日本也常利用半山腰開墾梯田，住在此地的人家叫「**山中**」或「**山內**」。一般來說，住在比田地還要高的會取名「**田上**」，但在山腰種植梯田的可能會住在低於田地的地方，而取名「**田下**」。

山腳下有路通行，沿路有房舍並列，不僅便於撿柴，平坦的地形也利從水源處汲水，對當時的人來說是個便利的居所，居民除了叫「**山下**」也有叫「**山本**」和「**山元**」的。中國地方很多姓「**山根**」的也是因為住在山腳下的關係。住在山稜線突出的部分者叫「**山崎**」，若那裡正好有座神社，就叫「**宮崎**」；是寺廟而不是神社的，叫「**寺崎**」。倘若稜線延伸突向海面形成海角——海（umi）之崎（saki）——則取為「**岬**」或「**三崎**」，唸成「Misaki」。

翻山越領的山徑最高處稱「**峠**」，中

「鈴木」來自紀伊半島的稻叢稱呼。　攝影／播野良実

國地方的發音是「Tao」，寫成「**田尾**」或「**垰**」。連鳥兒飛越山間的處所都可用來取名，叫「**鳥越**」。此外，細長半島的情況下，會選在兩端距離較近的地方，利用拖曳的方式拉船到對岸以節省繞行海岬的時間，住在這條陸地捷徑上的就叫「**舟越**」或「**船越**」。

「**辻**（Tsuji）」是道路交會的地方，室町時代裡匯集兩路人馬之處常有市集，在日期逢三就定期集市的地方叫「**三日市**」，逢五者叫「**五日市**」。江戶時代，農民的聚落叫「村」（有時也稱「**鄉**」）、商人的聚落稱「町」、漁村又叫「浦」。在谷灣式海岸形成曲折綿長海岸線的長崎縣，有很多帶「浦」字的姓氏，如「**浦**」、「**浦川**」、「**浦田**」、「**大浦**」、「**松浦**」和「**田浦**」等。

山谷裡接近源頭、形成細流的河川叫「**澤**」，周邊稱「**澤邊**」，叫「**澤部**」的也是取自相同地緣關係。取其水源灌溉的田地叫「**澤田**」，在田地附近形成的村落叫「**澤村**」。

有時河川上游是瀑布（**瀧**），住在那裡的人多姓「**瀧川**」和「**瀧澤**」。又，住在瀑布下面比攀登到瀑布頂端容易得多，所以叫「**瀧本**」和「**瀧下**」的很多，叫「**瀧上**」的就少了。但岩手縣裡有個利用水戰使用的掛釣攀溯瀑布由來的姓叫「**鍵掛**」。

形容瀑布和湍流壯若雷鳴的姓為「**轟**」（Todoroki），又可寫成「**轟木**」和「**等等力**」；埼玉縣裡一個對日本人來說不解正確唸法的「**舍利佛**」一姓也是相同唸法。形容川流汩汩作響的還有「**鳴瀨**」、「**成瀨**」和「**鳴瀧**」，而福島縣等地特殊的「**百目鬼**」和「**百目木**」（Doumeki或Domeki）應該也是源自於此。

會發出天籟的不只河川，坐享海濤聲的住民以「**鳴海**」為姓，爾後又發展出「**成海**」和「**成見**」的寫法。

九州地方用「tsuru」來形容潺潺細流，南北用字不同，南部多寫成「**水流**」，北部較常見的是「**津留**」，另有結合其他要素發展出「**上水流**」、「**下水流**」、「**大津留**」和「**津留崎**」等多變化的姓氏。也有人用「鶴」做為「tsuru」的假借字，但「鶴」又多來自鳥類名稱，不易分辨正確來源。

泉湧處稱「**泉**」、「**小泉**」或「**涌井**」。湧出的泉水一般叫「**清水**」，有的會寫成「志水」。濕地附近容易成「**林**」，小樹林叫「**小林**」，大樹林叫「**大林**」，跟「**森**」的意思相同。

在沒有建築堤防杜水患的時代裡河川經常泛濫，周圍形成大量濕地，適合種植水稻，這些地方很快就被開墾為水田。在西日本，濕地稱「fuke」，寫成「**泓**」和「**浮池**」等，在香川縣則借用「**福家**」來表示，形成該縣特殊姓氏。九州人對濕地的稱呼又不同了，叫「**牟田**」（muta），在當地有很多以此為變化的姓氏，如「**中牟田**」、「**西牟田**」和「**牟田口**」等。從北陸到東日本之間，濕地又叫「yachi」，所以北陸的「**谷內**」（又可寫成「**谷地**」和「**矢地**」）要唸成「yachi」，因為這個姓是從濕地來的。

河川匯流處叫「**川合**」（也寫成**河合**、**川相**、**河相**），又叫「**落合**」。為防止河川泛濫而構築的堤防便是「**堤**」和「**土手**」的由來。大型河川沿岸容易形成臺地，位在日本最長之信濃川上游的長野縣裡河岸臺地甚為發達，當地以「shina」稱之，也是長野縣舊國名「信濃」

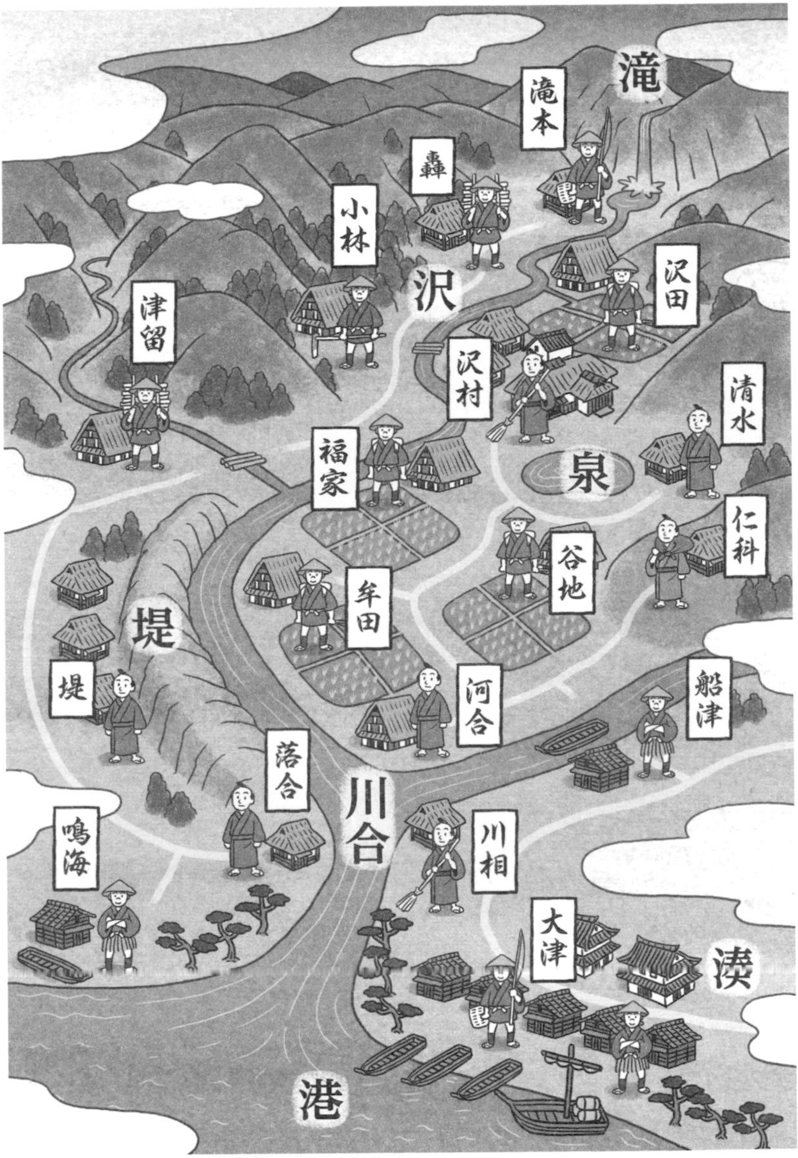

很多姓氏是取自生活中不可或缺的水

（shina）的由來。「shina」多寫成「科」，而長野縣獨特的姓氏「**仁科**」（Nishina）便取自紅土（日語：丹，ni）覆蓋臺地的意思。

碼頭的日語叫「minato」，水面部分用「**港**」來表示，陸地部分寫成「湊」，人們住在陸地上，所以姓氏多用「**湊**」這個字。古時候港口又叫「津」，規模大的叫「**大津**」，新建的叫「**新津**」和「**今津**」。河岸船隻停泊的地方又叫「**船津**」和「**舟津**」（Funatsu），或是「**船場**」和「**舟場**」（Funaba）。

「山田」是日本人心中的故鄉

在西日本，山谷又叫「sako」或「seko」，多寫成「**迫**」，其他還有像「**硲**」、「**佐古**」、「**峪**」和「**窄**」等寫法。大的山谷叫「**大迫**」，利用山谷平地種水田的叫「**迫田**」等，很多姓氏都會用到「迫」這個字。關東地區稱山谷為「yato」或「yatsu」，除了「谷」也寫成「**谷戶**」和「**谷津**」等，唯岐阜縣的飛驒地區用「**洞**」（Hora）來表示。

平地大致可分成「野」跟「原」兩種，前者指開墾為水田的平地，後者指水田以外的地方，「**野原**」則泛指整片平地。所以，「**野口**」和「**原口**」各指水田和其他地區的入口，而意指田地肥沃的「**大野**」和「**廣野**」絕對是有錢人的姓。

長野縣自古用「平」（taira）來稱呼盆地，到現在仍保留善光寺平（長野盆地的別名）、佐久平等稱呼，所以縣內的「**大平**」、「**中平**」、「**小平**」多叫「Odaira」、「Nakadaira」跟「Kodaira」。

種植稻子等主要作物以外的地方叫「sono」，寫成「**園**」或「**薗**」，同姓人口分散全國各地，尤以九州特多。耕地在住家範圍內的叫「**內園**」、「**內薗**」，在外側的叫「**外園**」、「**外薗**」，偶爾也會遇到姓「**內囿**」和「**外囿**」的日本人。

在原本的領地之外追加受封的領地叫「別符」，用作地名和人名時多寫成「**別府**」，在九州南部也有加諸方位形成「**北別府**」、「**西別府**」這樣稱呼的姓。

比四周還要高一點的丘陵一般寫成「丘」，但是用作地名和姓氏時則不曉得為什麼多寫成「**岡**」。

地勢微微隆起但比小山還低的地方叫「**塚**」，很多人以為日語的「塚」跟中文一樣是墳墓的意思，其實不然。廣義來說，「塚」指的是人工堆起的土堆，進而把堆成高地的墳墓也稱作「塚」。住在規模巨大的古墳一旁的人家就叫「**大塚**」。又因地勢高於四周不適合種植水稻，所以姓「**塚原**」的多於姓「**塚野**」的。這種微幅隆起的地形也叫「**塙**」（hanawa），爾後發展出「**花輪**」的寫法。

反之，低於四周的地方叫「**窪**」（kubo）。低窪處不是什麼好地方，因而常以帶好運的同音異字「**久保**」（有長久保持之意）來取代，形成「**久保田**」和「**大久保**」等使用「久保」比「窪」字還多的情形。在關東地區北部，低窪處叫「akutsu」，而發展出「**阿久津**」、「**圷**」

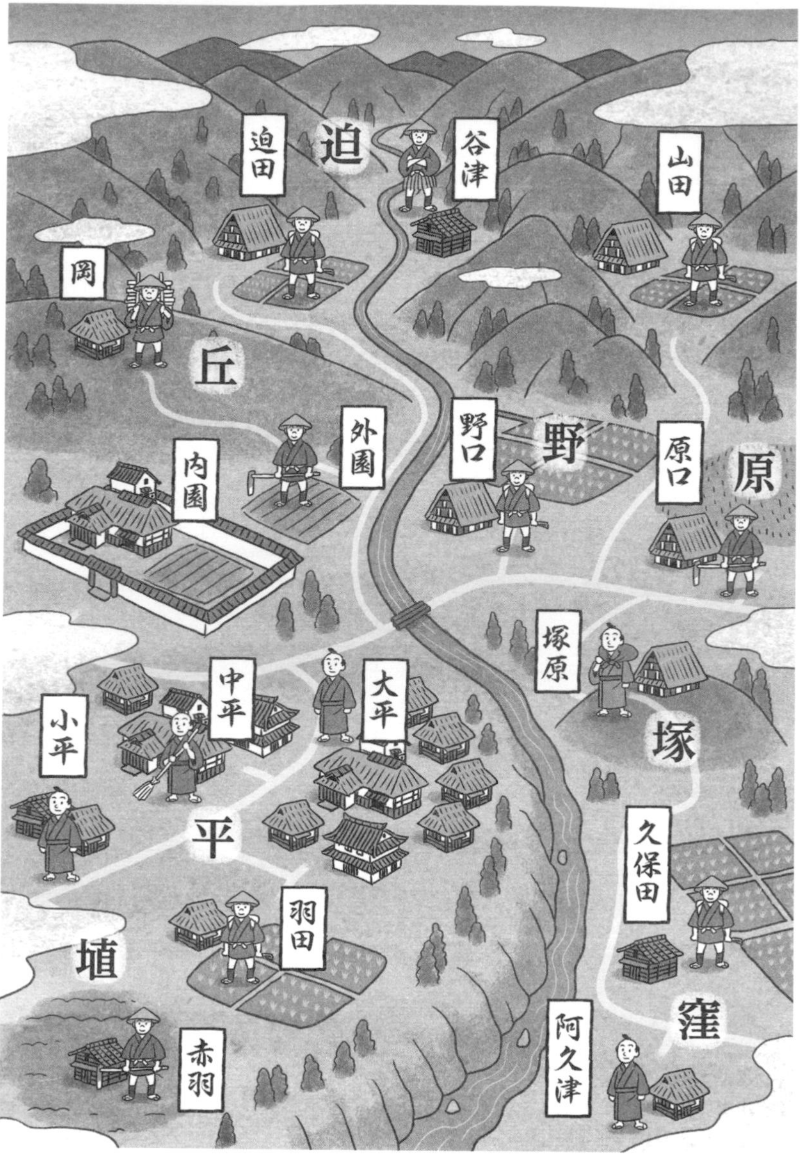
迫田
迫
谷津
山田
岡
丘
外園
内園
野口
野
原口
原
塚原
塚
中平
大平
小平
平
久保田
羽田
埴
窪
阿久津
赤羽

和「**安久津**」這樣的姓。

「埴」（hani/hane）是黏土的意思，「**羽仁**」就是出自這種土質地帶。黏土層發達的土地叫「**羽生**」，多唸成「Hanyu」，但在某些地方又叫「habu」而變化成「**土生**」。「**羽田**」和「**羽根田**」指的就是在這種地方耕種的田地。

黏土質的土地多偏紅色，叫「**赤羽**」，比較常聽到「Akabane」，但也唸成「Akaba」，又可寫成「**赤羽根**」和「**赤埴**」。

很多日本人以為國內最大姓既非「**佐藤**」亦非「鈴木」，而是「**山田**」。確實「佐藤」和「鈴木」分布偏頗不均，在某些地方還被列為稀有姓氏，反之「山田」的足跡遠征沖繩，遍及全國各地，是最常見的姓氏。「山中田地」肯定是刻劃在日本人心中原始的風景，不只是「山田」，地形由來的姓氏裡都深藏著日本人內心的原鄉。

人為地形

地形由來的姓氏並非純取景自然，中世日本鄉間一定有寺廟和神社，各是姓氏裡「寺」和「宮」字的來源依據，屬地形由來姓氏。

寺廟和神社容易成為村內特定場所的指標，成了許多姓氏取用時的依據。流經寺院附近的河川叫「**寺川**」或「**宮川**」，院方持有的田地叫「**寺田**」或「**宮田**」，神社裡種植獻給神明的稻田又叫「**神田**」。

神社和寺廟大多建在比聚落還要高處的地方，一般人得從村裡走來，登上臺階進入殿堂參拜，因此多的是叫「**宮下**」、「**宮本**」或「**寺下**」、「**寺本**」等，表住在寺院下方的姓氏，而少有叫「**宮上**」或「**寺上**」的——話說回來也沒有什麼人會住在俯視神佛的地方。此外，「宮本」和「寺本」代表的不只是相對的地理位置，也有支持院方的意思。農村生活裡不能沒有神社與寺廟，很多人信奉神佛聖眾。

寺廟和神社設有參拜前洗手、漱口的淨身場所，現在都直接接水管供水，古代則利用河邊的水，伊勢神宮一旁的五十鈴川現在還留有這樣的地方，叫「**御手洗**」，一般唸作「Mitarai」，但伊勢神宮稱之為「Mitarashi」。

也有根據神社和寺廟以外的人工建築做為姓氏的，最多的是「橋」。隨處可見的橋，對現代人來說是日常風景的一部分，然而即使是江戶時代，除了江戶（東京）、大坂（大阪）、京都和名古屋等大都市會架橋，其他地方都還是撐船渡河。江戶時代以前屬常設性的橋更是少見，自然成為農村醒目的建築。

跟橋有關的最大姓是全國排名第三的「**高橋**」，可分成源自古代豪族的高橋氏和地名由來兩者，但無論如何，都是因為宅地附近有座高橋而來。古代豪族的高橋氏是孝元天皇皇子大彥命的子孫**膳**（Kashiwade）氏的後裔，天武天皇十二年（六八三年）受賜朝臣「姓」的時候，根據大和國高橋改姓高橋。關於大和國高橋，有人說是《萬葉集》裡歌詠的「布留高

「布留高橋」直到現在山谷間仍架有高橋　攝影／森岡直浩

橋」，位在大和國山邊郡高橋（現奈良縣天理市櫟本），也有人說是高橋神社所在的大和國添上郡高橋（奈良市）。又，現在仍有人姓「膳」，但是由於太難唸的關係多由「Kashiwade」改成「Zen」。

高橋氏負責朝廷膳食之外也擔任志摩國的國守。奈良時代晚期，隨律令制度發展成熟、地位轉而式微的高橋氏，在與**安曇**氏爭奪內膳司（負責天皇飲食的機構）地位的情況愈演愈烈之下，提出了《高橋氏文》證明其氏族是占有歷史優先地位的——可說是最古老的宣揚家威記錄。安曇氏也是古代豪族的後裔，其子孫後代多將姓氏改寫成「**安住**」。

其他使用「橋」字的還有排名第二十五的**橋本**、第一四六的**大橋**，以及第一八三的**石橋**等，加總入圍前二百大的竟多達四個，可見橋在當時是個令人引以為傲的重要地標。此外，搭橋的過程中需把船並列在河面充當橋使用，因而衍生出「**舟橋**」和「**船橋**」等姓。

說起其他顯著的建築，莫過於城了。一般提到城的時候會聯想到姬路城和名古屋城等有天守閣的壯觀建築，但那是江戶時代大名住的城，戰國時代的地方小土豪也多有各自的小城，總數不明，但一般認為全國上下有超過一萬個。

時代不同，城的作用和外觀也起了變化。古代把城建在山上，那山就有「**城山**」之稱，城主平時住在山腳下的宅邸，戰時才會避入山城進行防守。由於不是用作平日生活場所，動員力小，設計也就以作戰為目的，形成小型堡壘一樣的外觀。隨時代演進，城的規模也越來越大，逐漸從山上移到山下的村落附近，在戰國時代隨動員力大增而巨大化，最後同化成生活場所。

東北地方稱小規模的城為「**館**」，也可寫成「**舘**」。大量掌握地方權力的國眾被部分大名消滅後，形成人去樓空的景象，住在空城附近的居民就叫「**古城**」、「**古館**」和「**古舘**」。

城的周圍挖有濠溝，中世時城濠只簡單繞城一周，到了戰國時代後期隨著城的巨大化，濠溝也越挖越大，有的還發展出內外雙重結構，甚至出現像大坂城這般規模宏大者，現大阪市面積一半以上都位在當時的外城濠內圍。因此住在城濠附近的不只叫「**堀**」，也有很多是住內圍叫「**堀內**」的。引河水做成護城河的叫「**堀川**」、「**堀河**」，大型河川的話也叫「**堀江**」。

城有石牆，住在石牆附近的叫「**石垣**」。城濠旁的土壘稱「**土居**」或「**土井**」。

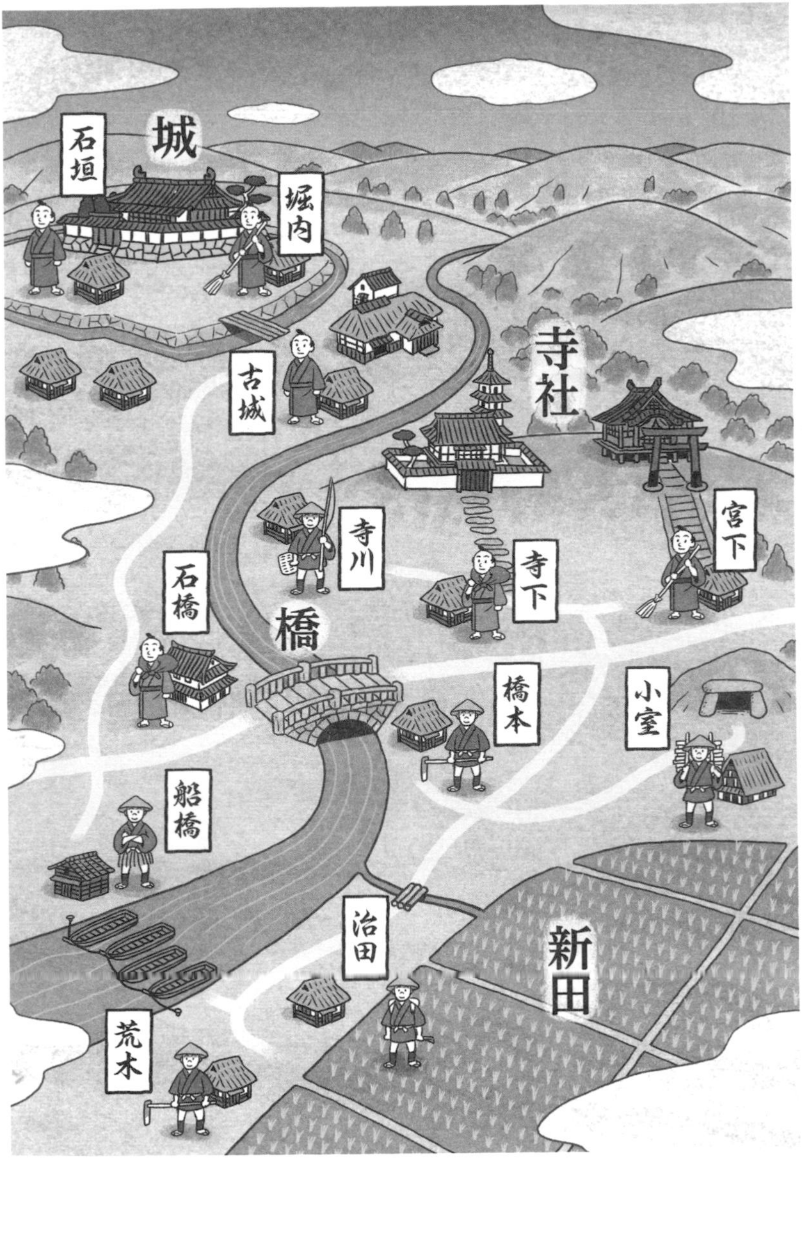
城
石垣
堀内
古城
寺社
寺川
寺下
宮下
石橋
橋
橋本
小室
船橋
治田
新田
荒木

從平安到鎌倉時代，耕地還未完全開發，墾荒的有力人士為了明確劃分私有地範圍，在四周堆起石牆，牆內屬私人土地，而有了「**垣內**」（Kaito）的稱呼，後來順應漢字讀音變成「Kakiuchi」，也有因附加其他字而變成「Kaichi」和「Kauchi」的唸法，並衍生出「**垣外**」和「**墻內**」的寫法。

用石牆圍起的私有地內，有寺廟者也稱「**寺垣內**」。山口縣「**次郎垣內**」的姓便是由次郎開墾的私人土地而來。其他還有「**內垣內**」、「**圓垣內**」、「**岡田垣內**」、「**垣外中**」、「**桑垣內**」、「**庄垣內**」、「**室垣內**」和「**六垣內**」等跟垣內有關的姓。

日本古語的「墾」（Haru）指開墾新地，反映成地名和姓氏時則寫成「治」和「張」，有時也寫成「春」。所以新開發的土地叫「**新治**」（Niihari），闢為田地的叫「**治田**」，唸法分歧，有「Harita」、「Haruta」和「Hatta」等。這麼說來，「**春田**」可能也是從這個姓變化而來的。以茨城縣西部為中心、遍及關東平原的「**張替**」、「**張谷**」、「**針谷**」、「**針ヶ谷**」、「**針替**」和「**針貝**」等唸成「Harikae」、「Harikai」或「Harigaya」的姓也屬相同來源，指引用利根川河水開墾的新地。

「Araki」寫成漢字是「新墾」，也是墾荒的意思，用作地名和姓氏時多寫成「**荒木**」。廣佈在東日本一帶的「**荒木田**」也是新開墾的田地的意思。

「開」這個字也有開荒的意思，除了單姓的「**開**」，也有很多取開墾田地之意的「**開田**」和開拓新天地的「**新開**」，後者又陸續變化出同音異字的「**真貝**」、「**新貝**」、「**新海**」、和「**新**

階」等姓。

自古把在山腹鑿洞做成的岩屋稱為「室」，後來變成存放東西的特別場所稱呼。由此而來的姓氏裡，以空間大小區別的有「**大室**」和「**小室**」；用來指示所在地的有「**室山**」、「**室田**」和「**室井**」等。此外，在秋田縣「小室」也寫成「**古室**」。

植物由來的姓氏排名

植物由來的姓氏，尤其以樹木名稱為姓的，也屬地形由來。江戶時代以前，農家多為平房，少有兩層樓以上的建築，而有了「**二階**」、「**三階**」的姓。雖然日本各地都有「二階」，但「三階」卻很稀奇，這也是想當然爾。

少了高樓的村莊裡若有棵大樹，也能以「那棵松樹下」簡單指出某戶人家的位置。植物由來的姓氏很多跟松樹有關，全國排名第十六的「**松本**」之後還有第四十八的「**松田**」、八十七的「**松井**」、九十二的「**松尾**」、一〇四的「**小松**」、一三六的「**松岡**」、一四五的「**松下**」、一四七的「**松浦**」、一六六的「**松村**」和一九三的「**松原**」等，光是前一百大姓氏裡就進榜十個，占壓倒性多數。主要是因為鄉間有許多松樹，又被拿來當作新年迎神的門松，使得寒冬裡仍綠葉筆挺的松帶有「神聖」的意味。基本上人們會想取個討吉利的姓。

繼「松」之後，植物由來姓氏裡用字次之的是「杉」，有進入百大的是八十一的「**杉山**」

和九十八的「**杉本**」。杉跟松自古就是常見的樹木。順便一提，身為大名的**上杉**氏姓氏非植物由來，而是來自京都府綾部市的地名。

其他用在姓氏的植物還有「栗」、「桑」、「竹」、「萩」、「榎」、「柳」、「榊」、「櫻」、「梅」和「梶」等。對現代人來說有點陌生的「梶」（構樹），在當時可能是生活周遭隨處可見的植物。

此外，「桑」這個字不僅指桑樹，也有蠶的意思。食桑的蠶自古又稱「桑子」，在養蠶業發達的群馬縣有個叫「**桑子**」的姓集中在此地，便是從蠶而來的。「梅」（ume）除了指梅樹，也多用來充當埋土造地地形由來的姓氏「ume～」的吉祥字。

可採收橡實的「楢」（櫟樹，Nara）和「椎」（苦櫧）也常被用在姓氏裡。現代人很難一眼分辨出兩者的不同，對古人來說卻是一目了然。取自「楢」的，除了「**楢岡**」和「**楢川**」，帶「奈良」（Nara）兩字的，如「**奈良井**」、「**奈良岡**」等也是。「椎」由來的有「**椎名**」、「**椎田**」和「**椎木**」，以及後來用別的字取代的「**四位**」和「**志位**」。

「藤」也是植物由來的姓。跟「佐藤」一樣藤字在下的，多是藤原氏的後裔（這點會在稍後說明），而藤字開頭的多來自藤樹，但不是近代常見攀旋架上、做為觀賞用途的野田藤。原始的藤是生長在山間和聚落旁小山的蔓生植物，自古把葛藤等攀緣植物通稱為「藤」。古代豪族的**葛井**氏唸成「Fujii」。藤類植物多生長在西日本，出了「**藤井**」、「**藤田**」、「**藤本**」和「藤山」等多個姓。

村裡若有幾棵大樹聚集生長的話，從遠處也能看得見。故衍生出「**二本松**」、「**三本松**」和「**六本木**」等姓。

這麼看來，用於姓氏的植物以樹木為多，花草較少。也許是因為一年生的草本植物不適合用來當作住家指標的關係。

此外，姓裡有「竹」字的，除了竹子還另有出處。中世武士常在宅邸四周植竹為屏障。明治大學清水克行教授是研究中世社會的知名學者，據其表示中世武士宅邸附近有許多跟「竹」有關的地名，所以姓裡的「竹」字很可能也用來指武士的宅邸。也就是說「**竹下**」和「**竹本**」等可能是住在武士宅邸附近的人。

排名二〇〇〇以內植物由來的姓氏

松　松本、松田、松井、松尾、小松、松岡、松下、松浦、松村、松原、松永、松崎、村松、松山、松島、松澤、松野、若松、松川、植松、松木、赤松、松元、松橋、松林、永松、松葉、松坂、松谷、吉松、小松原、末松、久松、松倉、笠松、松藤、松丸、松宮

杉　杉山、杉本、杉浦、杉田、杉原、杉村、小杉、杉野、杉崎、高杉、若杉、大杉、杉江、杉谷、杉森、杉岡、杉、杉澤

藤　藤田、藤井、藤本、藤澤、藤川、藤岡、藤村、藤野、藤原（Fujihara）、藤森、

竹 藤崎、藤木、藤島、藤山、藤江、藤枝、藤谷、藤倉、藤永、松藤、大藤、藤平、谷藤、藤尾
竹內、竹田、大竹、竹中、竹下、竹本、竹村、竹原、竹澤、竹林、竹山、竹島、竹之內、竹井、竹川、小竹、竹谷（Takeya）、竹野、竹森

萩 萩原（Hagiwara）、萩原（Hagihara）、萩野

柳 柳澤、柳田、小柳、柳、高柳、柳原、柳川、柳瀨、柳井、柳沼、柳本、柳谷（Yanagiya）

桑 桑原、桑田、桑野、高桑、桑山、桑名

栗 栗原、栗田、栗山、栗林、小栗、栗本、栗栖

櫻 櫻井、櫻田、櫻庭、櫻木

梅 梅田、梅澤、梅原、梅本、梅津、梅村、梅木、梅野、梅崎

梶 梶原（kajiwara）、梶原（Kajihara）、梶田、梶、梶山、梶谷（Kajitani）、梶川、梶本

柏 柏木、柏原（Kashihara）、柏原（Kashiwabara）、柏崎、柏、柏倉（Kasiwakura）

柿 柿沼、柿崎、柿本、柿原

椎 椎名、椎葉

榎 榎本、榎

椿 椿

榊　榊原、榊

楠　楠本、楠、楠田、楠木

桐　桐山、桐原

※「上杉」和「佐竹」等明確知道是地名由來的姓氏不列在內。

用於姓氏最多的動物是那隻猛獸

動物名稱由來的姓氏，跟植物比起來就沒那麼多了，原因是動物會自由移動。姓是用來區別各戶人家的不同，做為指標的東西若不能固定在一處則難以發揮特定場所的功能，所以姓氏裡有動物名稱的，多是根據古代職業編制而來（參見 P.85）。

對現代人而言，最是親近的動物要屬貓跟狗了，阿貓阿狗的姓卻是少見。「犬」字的最大姓是排名一千一百多的「**犬飼**」，屬職業由來；次之為「**犬塚**」、「**犬伏**」、「**犬童**」、「**犬丸**」、「**犬山**」和「**犬井**」等，雖然不是那麼常見，倒也在一萬名之內。反之，姓裡帶「貓」字的，全員落在一萬名之外。其實貓在日本成為一般寵物是江戶時代以後的事，在那之前貓沒那麼多，少有機會出現在姓氏裡。有「貓」字的最大姓是「**貓田**」，但這還是勉強進到兩萬名之內，屬稀有姓氏。

那麼，姓氏裡出現最多的動物是什麼？說到這個，當然是和當時農民生活密切相關的牛跟馬。帶「牛」字的姓雖然未能進榜一千大，但是在五千大裡共出現八個：**牛島**、**牛田**、**牛山**、

牛尾、**牛丸**、**牛嶋**、**牛込**、**牛木**。

「馬」的話有「**相馬**」、「**有馬**」和「**對馬**」等，但馬字在下的很多是地名由來，其他也有用「駒」字來表示的，如「**駒井**」、「**駒田**」、「**駒形**」、「**駒澤**」、「**駒場**」和「**駒崎**」等。訓練馬匹的「**馬場**」和放牧場的「**牧**」也都跟馬有關。

但牛馬還不是最多的，最多的是排名第一六四的「**熊谷**」、七六七的「**大熊**」、八五〇的「**熊澤**」、八八四的「**熊田**」和九五六的「**熊倉**」等，跟熊（kuma）有關的姓。可見熊在當時是生活裡常見的動物，跟現在完全不同。此外，kuma 也有隱蔽場所和斷崖的意思，衍生出許多地形由來的姓氏。其他如「鹿」、「猿」和「豬」也常用於姓氏。

鳥的情況亦同，現代都市裡最常見的是鴿子，看到「鳩」（鴿）會立即想到「**鳩山**」是因為出了兩位日本首相的鳩山家是顯赫世家，經常出現在報章媒體。實際上這個姓排名掉車尾，落在九千多左右，並非大姓。「鳩」字裡縱使名次最好的「**鳩貝**」也落在八千多，屬罕見的姓。鳥類裡較多的是「鷲」和「鷹」，有「**鷲見**」、「**鷲尾**」、「**鷹野**」和「**鷹取**」等，應該是中世鄉間很常見的關係。「鴨」也意外地多，有「**鴨志田**」、「**鴨川**」、「**鴨下**」、「**鴨田**」和「**鴨井**」等五個進入前五千大。

其他像「鷺」也有「**鷺**」、「**鷺谷**」和「**鷺坂**」等三個進榜在七千到一萬名之間。帶有「雀」和「燕」字的則無一擠進萬名之內。

魚由來的姓也沒那麼多，進入五千大的只有「**鮫島**」和「**鯉沼**」，但「鮫島」發源自靜岡縣地名，非動物由來。把範圍擴大到一萬名，也只多了「**鯉淵**」、「**鯉渕**」、「**鯉江**」和「**小鮒**」等跟淡水魚有關的姓，也許是因為很難用海裡的魚來當住家位置指標的關係。「鯉」這個字因有鯉躍龍門的傳說，是個吉祥的姓。

論及昆蟲則少之又少了。雖然蝴蝶、蟬和蜻蜓是生活裡再熟悉不過的生物，但牠們不只會到處飛舞，而且數量龐大，無法當記號使用。

水利由來的姓氏種類豐富多元

「井」這個字也是地形由來，現代人聽到井會聯想到汲水用的深井，事實上不限於此。時代劇裡登場的井是江戶時代之後才普及的，在那之前並不多見。

廣義來說，「井」是指汲水的場所，在沒有水管的時代，每個村莊必有固定汲水的地方，可能是河川也可能是池塘，因此多的是「**川井**」和「**池井**」，「**沼井**」和「**海井**」則相對少見，因為從沼澤和海邊取用的水不能當飲用水，卻能晒成塩，所以有不少叫「**塩井**」和「**汐井**」的。

井一般位在河川沿岸，基本上屬低處，周邊地勢較高的場所就成了「**井上**」這個姓的由來。而「**井下**」是在井的下面，變成在水中，叫這個姓的不多。這裡的井很可能指的是位在高處的水井，而非岸邊汲水的地方。

「井」還有另一層意思，指灌溉用的水路。從河川引水而入之處稱「**井口**」或「**井ノ口**」

（井之口）。使用竹子等接水的叫「樋」（hi，導水管的意思），其接口處叫「**樋口**」；把導水管架在高處的叫「**筧**」，唸成「Kakehi」或「Kakei」。

為了取水在河川築堰擋水，而有了「**關**」這個姓。「關」也可能是來自檢查站關卡的意思，但從堰由來的居多。住在引水口旁的叫「**關口**」，構築擋水土堤的河川稱「**關川**」，堰附近的田地叫「**關田**」。唯「**關山**」這個姓跟取水沒什麼關係，想成是來自關卡，比較容易理解。

直接引水到田裡的水利措施稱「溝」，對農家來說很重要。其引水口叫「**溝口**」，附近叫「**溝邊**」，也寫成「**溝部**」。

汲水的岸邊附近有樹的話，依樹種又可分成「**松井**」、「**櫻井**」和「**柳井**」等，少有「**杉井**」是因為杉樹本身不太長於河邊。

當時的河川蜿蜒曲折，缺乏河堤工事，一下大雨容易暴洪改變河道。河道一變，汲水的地方也跟著變動，新的汲水地稱「**新井**」，不用的就成了「**荒井**」。以泛濫成災聞名的利根川，過去經常改變河道，產生了許多「新井」和「荒井」。現在關東地區利根川流域裡仍有許多相同姓氏的住民。然而河道再怎麼變也不會形成大規模變化，新舊汲水場通常相距不遠，新井桑和荒井桑也就住得相對近些。江戶時代以前，百姓不那麼在意漢字怎麼寫，反正都叫「Arai」，管他是「新井」還是「荒井」，而且分家之後不少人又會改用其他漢字，導致兩家姓氏完全混在一起。倒是新舊汲水場還可用新的「**今井**」和舊的「**古井**」來區分。

彎曲的河道堆積形成的地面，看起來像袋子的形狀而有了「**袋井**」等含「**袋**」字的姓。

此外，被山圍繞的袋狀土地也用「袋」來稱呼，東京的池袋就是根據那樣的地形命名的。

又，河道彎曲的部分看起來像曲身的蝦子，而以「海老」稱之。迂迴曲折的利根川流域裡因此誕生了許多跟「海老」有關的姓氏，如「**海老澤**」、「**海老原**」等。

過彎讓河的流速有急有緩，水深較淺且流速快的地方稱「瀨」。由於河川是流動的，姓「**川瀨**」跟「**河瀨**」的多於姓「**海瀨**」、「**沼瀨**」和「**池瀨**」的。而淺灘處可涉水到對岸，在橋數量少的時代是重要場所，因此很多姓含有「瀨」字。可涉水渡河的地方又稱「**川越**」，「**水越**」指的應該也是類似的場所。反之，水流緩慢形成的深潭以「淵」稱之，「**川淵**」、「**川渕**」、「**河淵**」以及「**河渕**」等姓便是由此而來。

河岸平地稱「**河原**」也寫成「**川原**」。在河的中央形成島狀陸地的，叫「**中洲**」、「**中島**」。也有住在大河中央沙洲上的，叫「**洲之內**」和「**須之內**」。

以規模來區分的話，大型河川叫「河」，比河還大的是「江」，但姓氏裡似乎沒有這樣的區別，尤其「川」跟「河」的意思相同。「江」在古時是指大河或海灣，「**江戶**」一姓被認為是根據當時的日比谷灣命名的。至於「**江口**」則是指住在大河出海口附近的。

「島」也是地形來源的重要元素，很多姓都有「**島**」字。但古時住離島的人應該沒那麼多，含「島」字的地名也有不少是在內陸。

那麼「島」究竟是指什麼樣的地形呢？登山眺望平原、盆地的時候，眼前幾座小山像是浮在海面上的小島，而有了「島」的稱呼。因此有「島」字的姓氏不完全跟海有關，而是廣布於全國各地，包括「**嶋**」和「**嶌**」也都來自陸面的島。

「**岸**」這個字隨時代變化，意思也不太一樣。對現代人而言，「岸」指的是海或河川與地面的交界處。這麼說來，「**岸本**」桑是住在哪裡？「岸本」照理說是岸邊下方，那種地方應該不適合住人。「**岸川**」的分布也很廣，但「岸邊的河川」指的是哪個位置也曖昧不明。其實「岸」是指地形產生重大變化的地方，所以海與地面、河川與地面的交界是「岸」，而山與平地之間驟然的落差也是「岸」，即山的斷壁。如此一來就不難理解「岸本」是指山崖下、「岸川」是山崖下的河川，而「**岸田**」是崖下的田地。實際跟「岸」有關的姓氏由來，山多於海，證明了「岸」是指山崖。「**山岸**」一姓就是典型的例子。

山崖地形又叫「kura」，多寫成「倉」，也有用「藏」和「鞍」來表示的。屬大姓之一的「**倉田**」是指崖下的田、「**高倉**」是高的山崖、「**石倉**」是裸露岩石的崖地，而「**倉本**」是在山崖下的意思。這些姓因為「倉」字常被誤以為跟倉庫有關。

「hake」也指山崖地形。武藏野丘陵和平地交界形成的武藏野崖線與立川崖線甚有名氣，俗稱「hake」，臺地上方稱「hake上」、臺地下方稱「hake下」。「hake」雖然不常用於姓氏，但「**羽毛田**」（Haketa）等姓是由此而來。

鹿兒島方言稱山崖地形為「hira」，姓氏的話寫成「**比良**」。跟山崖有關的方言很多，依此而來的姓氏多借用同音的漢字來表示。

開墾新田也誕生新的姓氏

江戶時代以前的經濟基礎是米，屬管理階級的武士俸祿以米為計算單位，並以米的收成量來衡量其領地的經濟規模。因此無論個人或是藩等組織，想擴大經濟規模、增加財力就得增加稻米的收成量，方法是開闢新的水田與開發新農地。尤其江戶時代中期之後，各藩致力開發新田，各地都有大規模的開荒活動，為了耕種新田就得從農村調度人力，那些新開發的田地稱新田，新植入的人力多以「**新田**」稱呼，同時發展出地方特獨的稱法。

例如北陸地方是以「出」來表示，或許是代表離開原來的村莊到其他地方另闢農村的意思。北陸的人常在姓氏裡冠以方向，移到西邊開墾新田的叫「**西出**」、移到北側的叫「**北出**」。

九州北部以「丸」來稱呼新田，知名的例子有日本國家代表隊橄欖球選手「**五郎丸**」。該地的住民習於根據開發者的名字來命名，由田中桑開墾的新田就叫「**田中丸**」、太郎桑開墾的叫「**太郎丸**」。順帶一提，「～郎丸」這姓從「太郎丸」到「**九郎丸**」都有，唯獨不見八郎丸。在日本，叫太郎、次郎和三郎的很多，要能排到六男以下還真少見，八郎丸也許就是因為人口過少的關係在中途消滅了。不過，現在還留傳著**七郎丸**和九郎丸的姓，真是有趣。

廣島縣西部的安藝地方稱「河內」，曾因事件登上新聞頭條的**佐村河內**氏的姓便是由此地而來，屬罕見的姓。又，這附近用「空」來形容地勢高的地方，因此在山上開墾的新田叫「**空河內**」——光從「河」這個字，根本無法想像其由來竟是如此。

地形由來的姓氏也常用到「邊」這個字，「～邊」唸成「～be」，是在什麼附近的意思。地名由來的最大姓「渡邊」也是取自渡船口附近的地方名稱。「邊」有時也會被發音相同的「部」字給取代，所以渡部和部邊桑是同源。唯「部」這個字也常出現在職業由來的姓氏裡，需特別注意。

根據條里制取的姓也很多。

條里制是日本古代土地區劃制度，將平原地帶的耕地切成兩邊各為六町（約六五四公尺）的正方形，「條」、「里」各是縱橫其中的直行通道。由條、里圍成的區塊稱「坊」，「坊」這個姓自關西到北陸地方廣布，另有「**坊野**」和「**坊田**」等姓氏。

看到「**一條**」和「**三條**」等姓氏，不禁令人聯想到公家，其實日本全國各地都有「～條」這樣的地名與姓氏，不限於京都周邊。例如「一條」多分布在從關東到東北靠太平洋這一側，「**五條**」在靜岡縣，「**八條**」則以山陽地方為主。此外，像「**東條**」、「**西條**」、「**南條**」、「**北條**」，以及「**上條**」、「**中條**」、「**下條**」等與方位組合的姓在全國分布也很廣。

把坊再切成邊長一町（約一〇九公尺）大小的正方形就成了「坪」，擁有一坪大小田地者叫「坪田」，其他叫「**坪井**」和「**坪內**」的也不少。

平安時代之後以莊園為姓的人也很多，從以前就有的莊園稱「**本庄**」或「**本莊**」，新的莊園稱「**新莊**」和「**新庄**」；只有一個字的「**莊**」和「**庄**」也很多。

地形由來的發展型

地形由來的姓氏裡也有結合反應時代的字詞，如「元」和「古」是指舊事物，「新」和「今」是指新事物。

當河川改變流向時，原本的河道成了「**古川**」，新河道則稱為「**新川**」、「**今川**」。有時因天然災害或是為了開發新田而遷村，新落腳的地方成了「**新村**」和「**今村**」，過去的村莊便成了「**元村**」和「**古村**」。就算只是在一旁另闢田地，相對於新的「**今田**」，舊有的田地叫「**古田**」；長久居住的老房舍叫「**古屋**」和「**古家**」，而分家出去自成一格的新屋叫「**新家**」。

跟色彩組合的姓氏也不少，這一類姓氏有著令人玩味的歷史背景。從總排名來看，無論是排名居上的「**青木**」（第四十一）、「**黑田**」（第一五九）、「**白石**」（第二一三）、「**青山**」（第二一七）、「**白井**」（第二六四）、「**黑木**」（第三〇八）、「**黑川**」（第三二五）、「**黑澤**」（第三三六）、「**石黑**」（第三八二）、「**青柳**」（第四〇一）、「**白川**」（第四八七）、「**黑岩**」（第六五七）、「**赤松**」（第六六八）、「**赤木**」（第七五二）、「**目黑**」（第七五九）、「**赤坂**」（第七九一）、「**青野**」（第七九三）、「**黑崎**」（第八八八）和「**白鳥**」（第九一九），用到的顏色幾乎不出白、黑、赤、青（藍色）四種。

與綠色組合的最大姓是排名第一一三一的「**綠川**」，「黃」與「紫」則無一進入前五千大。

此外，帶有「茶」字的，如「**茶畑**」和「**茶園**」等，多數跟顏色無關，是取自植物的茶。同樣地，「**紺野**」也不是來自紺所代表的深藍色，廣布東北地區的Konno桑很多是拿「紺野」來當假借字（參見P.164）。「金」也不是指金色，而是從金屬，尤其是鐵而來，所以「**金持**」（有錢人）這個令人稱羨的名字原本叫「Kamochi」，是源自鳥取縣一個產鐵的同名地方。

會出現這種傾向是因為奈良時代的日本把顏色分成白、黑、赤、青四色。白是不帶顏色的淡薄狀態，黑是指濃厚的色彩。黑白又可用來指明暗，例如「**白野**」和「**白坂**」是日照充足的明亮處，反之「**黑野**」和「**黑坂**」是晒不到陽光的陰暗處。

黑白之間又分成代表紅與藍的赤、青兩色，黃色屬紅的範疇，綠色則包括在藍色裡，所以銀杏入秋轉黃的葉子也稱紅葉，而紅綠燈的綠色燈號在日本仍叫青色。「**青木**」和「**青山**」的青指的是樹葉本來的綠色。中世之後「綠」和「黃」也逐漸一般化，但未能普及到姓氏的使用。

姓氏還能與空間做組合。窄小的「狹」字帶有強烈負面印象，很少人用，倒是「廣」字用得很普遍，如「**廣田**」、「**廣畑**」、「**廣野**」、「**廣山**」、「**廣澤**」和「**廣川**」等。有些地方會以「弘」來取代「廣」字，叫「**弘田**」和「**弘川**」等的也不少。

有的甚至用具體的數字來表示，例如「反」這個字是用來表示土地的面積單位，以現代來說大約是九九二平方公尺，一反地能收成的稻米量是一石，約是一個大人的年度消費量。一反田只能養活一個人，五反就能養得起五個人，所以「**五反田**」和「**八反田**」在以前是很

水邊蘆葦叢生的「芦原」當成姓氏時會唸成「Yoshihara」　攝影／森岡直浩

值得驕傲的姓。

由於姓氏代表了那戶人家，不少人會取用吉祥的漢字，誠如日語裡「言靈」的說法，古人重視言語本身存在的神性。

例如生長在水邊的蘆葦（日語：芦），發音和不善的「悪（ashi）」相同，在關西常以「yoshi」（好的）來取代其發音。住在蘆葦密集處的，把「芦原」唸成「Yoshihara」，順便把漢字改成「**吉原**」。也有像「**芦川**」（Yoshikawa）這樣，保留原字只改讀音的。

帶有「吉」字的姓可分成植物由來和注入所有者的願望兩種，例如「**吉川**」指的可能是岸邊長滿蘆葦的河川，也可能是帶來恩惠的河川。「**吉野**」

也可分成前述兩種，但「**吉田**」和「**吉村**」隱含了希望自己的田地或村莊能成為美地的期許。

「福」和「富」也會用在姓裡，如「**福田**」、「**富田**」和「**福山**」、「**富山**」等，表達了期望那塊田地或山丘能為生活帶來幸福與財富。尤有甚者，直接拿「**福富**」做為姓氏的，更是無限延伸期許的對象，只要能帶來幸福和財富，什麼都好。「富」字也有寫成「冨」部的，如「**冨田**」和「**冨山**」等，意思是一樣的。

其他還有用到「幸」、「寶」、「財」、「壽」等字的，如「**幸田**」、「**幸野**」、「**寶田**」、「**寶來**」、「**財津**」、「**財部**」、「**福壽**」和「**壽**」等。

話說回來，地形由來的姓氏除了難以溯源，還很難跟地名由來做區分，因為許多地名是取自地形。

舉例而言，日本各地都有叫「小川」的地方，「**小川**」桑也遍及全國，但「小川」的地名是取自有小河流經的地形，那麼小川桑的發源該歸屬地名由來？還是地形由來？嚴格來說是無法區別的。作者的分法是，可確認發源地名稱的歸地名由來，其他的為方便起見就歸地形由來。但就本質而言，這種區分方式其實也沒有太大的意義。

方位由來的姓氏

為了區分住在同一個地方的多戶人家，除了用地形也有不少是用方位來區隔的，大致可

十二支與方位

分成兩類。

一是以「**東**」、「**西**」、「**南**」、「**北**」的基本方位做區分。從本家分出來的武家以及有力農民的旁系，會以本家為中心對照自己所在的方位做為姓氏稱呼。由於本家的房舍通常會面向日照充足的南方，分家到左右兩側的各為「東」、「西」，對面為「南」，但少有分家到本家後方北側的。因此四大方位裡含「東」（二三九位，此東為Higashi，不含同字異音Azuma的稱呼）、「西」（二二六）、「南」（一八九）字的姓氏都進入前三百大，「北」則排在第八○○，低於其他三者。

農村的話，無血緣關係的考量，有的地區會直接就村長家的相對方位取名，石川縣能美市的下開發町就是典型的例子。該地區是中世新開發的村莊，以位在村子中央的村長杉本家房舍為中心，住東側的姓「東」，南側為「南」、西側為「西」、北側為「北」，而靠近杉本家、住內圍中心的姓「中」。這樣的農村姓氏結構在日本各地都有，伴隨住宅用地開發等因素，移入其他地方的住民之後，情況不再明顯。下開發町至今仍保留當時的情況，實屬珍貴。

此外，「中」也不單用來指示方位。「**中川**」和「**中山**」雖然多指位在數條河川或山脈的中央，「**中村**」的話，與其說是數個村莊的正中央，更多是指具中心地位的聚落。其地理關係也讓「中村」經常被引用為地名，在全國各地隨處可見。

除了四大基本方位，日本也用十二地支來指示方向。北為「子」、南為「午」、東為「卯」、西為「酉」。奈良縣有個叫「**東川**」但唸成「Unokawa」的姓就是因為東是位在「卯」（U）的方位。

中國八卦的「乾」是指西北方，以十二地支來說正好在「戌（西北西）」與「亥（北北西）」的中間，因此乾的方位又稱「Inui」。奈良縣裡許多叫「**乾**（Inui）」的姓便是方位由來。以此類推，住東北方的叫「**艮**（Gon/Ushitora）」、東南方為「**巽**（Son/Tatsumi）」、西南方為「**坤**（Kon/Hitsujisaru）」，但是除了「巽」主要分布在奈良之外，極少人以犯煞的「艮」方為姓，也因為不吉利的關係才沒有人姓「坤」。「巽」有時也寫成「**辰巳**」和「**辰己**」。

方位由來的姓氏裡，不採實際方位而以方位加地形組合的人多，種類也繁多。譬如，住在聚落中央北側山邊的人家叫「**北山**」、住西側河畔的叫「**西川**」等。

這一類姓氏有個令人深度玩味的特徵是，人口數量分布會隨方位呈現極大的差異。就結論而言，跟「西」、「北」方組合的多，跟「東」、「南」組合的少。這與方位下捹的地形無關，整體來看就是西北多於東南。

舉例以東（Higashi）、西（Nishi）、南（Minami）、北（Kita）為首，結合不同地形的主要姓氏名次如下。

東山 一一〇〇多	**西山** 一六七	**南山** 三四〇〇多	**北山** 五九六
東田 一三〇〇多	**西田** 一〇九	**南田** 三五〇〇多	**北田** 七〇七
東野 一一〇〇多	**西野** 三一七	**南野** 一九〇〇多	**北野** 三八一
東川 二〇〇〇多	**西川** 一一二	**南川** 一九〇〇多	**北川** 二〇四
東村 三五〇〇多	**西村** 四三	**南村** 五三〇〇多	**北村** 一一四
東澤 九二〇〇多	**西澤** 三六〇	**南澤** 五五〇〇多	**北澤** 五六一
東原 二三〇〇多	**西原** 四七一	**南原** 一萬之後	**北原** 四二一

※唸成「Nanbara」的「南原」排在四三〇〇多

從前項列表可看出西、北兩方位的全國排名均在三位數內，東和南則全數落在四位數之後，如此明顯的差異透露出這種現象絕非偶然，應該是什麼共同的原因造成的。

這類姓氏多出於中世，由於姓氏大約從室町時代開始流傳到民間，可從那個時代的農村模樣來了解原因。

現代生活裡，地利條件最好的莫過於車站附近，平原中心地帶也比山居生活更為人所好。海岸沿線雖然也不錯，但近年為防海嘯而被排除在住家選擇之外也說不定。反之，中世的武士偏好住在山谷，除了有生活必需的河川，更重要的還能在敵人來襲的時候利用地形守住聚落唯一的出入口，形成天然屏障。相對於可能處於八方受敵的開放空間，成功守護山谷聚落的機率比較高。

那麼，什麼樣的山谷會是好的選擇？對武士來說，重要的是領地內的稻米收成量，利用河川確保水源之餘，也需要有充足的日照。東側和南側開口的山谷，日照較為充足，有助於稻米成長。

領主住在谷口附近保護農村，農民則向山谷內部擴散。所以就領主的宅邸來看，如果是向南開口的山谷，農民是住在北側；向東開口的山谷，農民是分布在西側。因此姓「北」和「西」的人口增多。

有時因地形關係，有些領地只能選在其他方位開口的山谷裡，這時姓「東」和姓「南」的人口就會增多，但是就全國統計來看，「西」、「北」兩姓的人口占壓倒性多數。

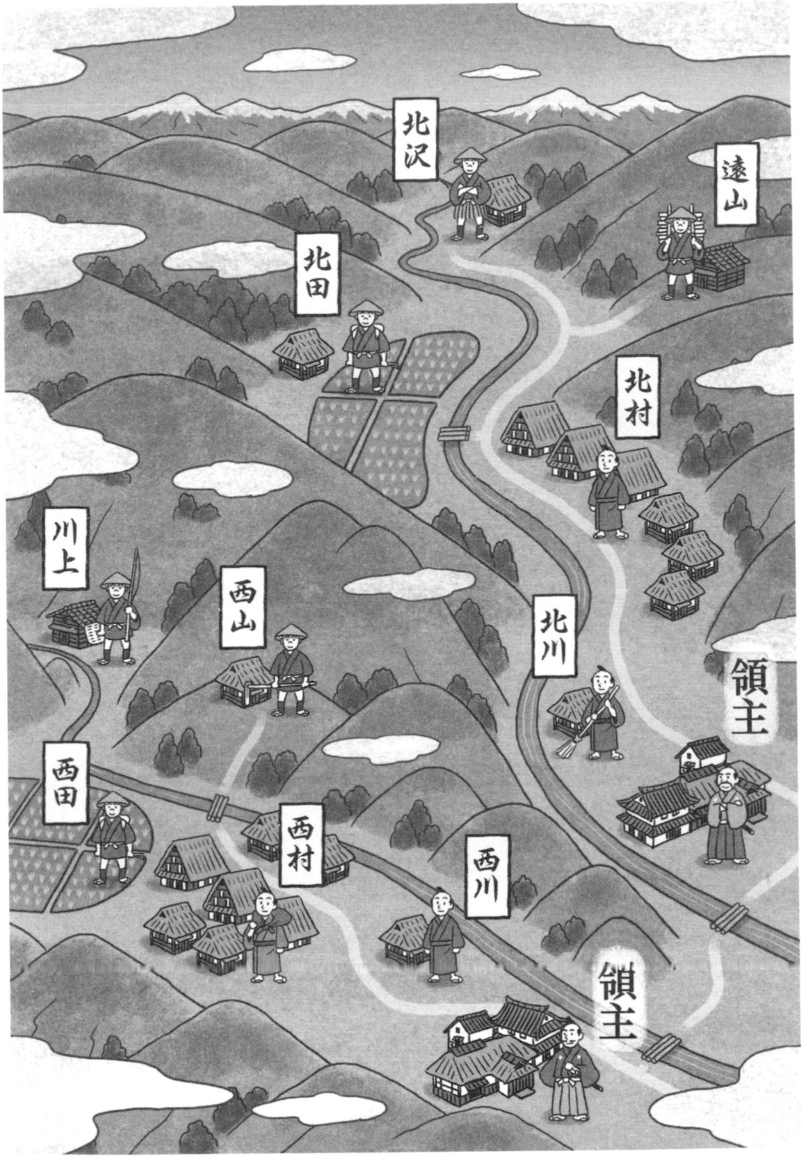

領主住在山谷入口處，領地居民的姓是根據領主所在地望去的方向命名

有一點要注意的是，方位由來的姓氏用到的不只東南西北和十二地支。上、下也是構成方位由來的要素之一。舉例而言，「**坂上**」、「**坂下**」以及「**山上**」、「**山下**」這兩組姓氏是藉用上下來表達標高，但上下有時也用來表示地區所屬的方位。

有河流經的地方，上游為「上」，下游為「下」。雖然上游也等同標高較高，但這種情況下「上、下」不一定以地勢的高度差距做為依據。就像住上游的「**川上**」桑人數眾多，叫「**川下**」的卻很少。這可能是因為河的上游剛好流經山谷的村落，出了領主居住的谷口附近之後已是在山谷之外，住下游的人家也就不屬領地住民的關係。

道路的話，一般接近中心點的稱「上」，兩端為「下」，跟標高完全沒有關係。

帶「前」、「後」兩字的姓氏也屬方位由來。「**寺前**」和「**宮前**」等姓便是因為住在重要場所的前面而帶有「前」字。叫「**橋前**」的卻很少見，因為橋的前方有房舍的話會嚴重阻礙通行的便利性。也幾乎不見姓「**城前**」的，原因可能是不淮一般人住在城的前面。

也有像「**前田**」這樣以前字開頭的姓。「前田」意指什麼東西前面的田地，很可能是指房舍前廣大的田地；「**前川**」是家門前有條小河等，所以「前～」就代表了那戶人家門前的風景。大分縣「**財前**」一姓的「財」字，據說是指田地和稻作，結實累累的稻穗正是當時最大的財富。

「前」的相反是「後」，倒是很少人會特意住在什麼的後方，有「後」的姓也就沒那麼多。但還是有「**後田**」、「**後**」和「**後山**」等非地名由來的姓氏。

「背」這個字也有後面的意思，有些地方把家裡後門的方向稱為「背戶」（sedo），中國地方有個叫「**後原**」（Sedohara）的姓可能是指房舍後面的平原。

跟「前後」意思相同的有「表裏」，尤其是石川縣有很多人姓「**表**」，相較之下帶「**裏**」字的姓就少了。

「內」、「外」也屬方位由來。位在某某人的所有地或勢力範圍內的稱「內」，其外圍者稱「外」。以水田做為稱呼的姓氏裡有不少是叫「**內田**」的，這是因為水田基本位在領地內側，相對來說以領地外的水田來稱呼的「**外田**」就少了。「遠、近」跟這種命名方式雷同，但遠近是以從村莊出發的距離為標準，不論是否位在支配地內側。因此姓「**近山**」的人少，叫「**遠山**」的多，因為山通常位在遠方。

「左」、「右」也經常用來指示方位，但很少用在姓氏裡，最多的是「**右田**」，屬地名由來；次之為「**右近**」和「左近」，各是取自朝廷官位名稱，屬職業由來，跟方位無關。左右之所以不見於方位由來的姓氏，是因為無法用來判定場所。就算指明「本家右邊的那戶人家」，若沒有加上「從面向本家」或「從背向本家」的方向指示，結果會正好相反，無法發揮姓氏是為了界定家家戶戶場所的基本功能。這也是為什麼帶左右兩字的姓氏很少見的原因。

「橫」也用來指示方向，最多的是「**橫山**」，意指在什麼旁邊的山。東京多摩地區的多摩丘陵自古稱為橫山，分布在此地的武士團武藏七黨（參見 P.109）之一有個橫山黨，一族後來四處擴散，日本各地的橫山氏據說多是橫山黨的子孫，所以橫山這個姓比較屬地名由來。其他還有「**橫田**」、「**橫井**」、「**橫尾**」、「**橫川**」、「**橫內**」、「**橫溝**」、「**橫澤**」、「**橫手**」、「**橫江**」等多個帶「橫」字的姓。

「脇」跟「橫」的意思相同，最大姓的「**門脇**」傳說是平教盛——又稱門脇中納言——的後裔，原意是平清盛家門旁的人家。雖然跟方位有關，但比較偏人名由來的獨特姓氏。其他還有「**宮脇**」、「**森脇**」、「**西脇**」、「**脇田**」、「**山脇**」、「**脇**」、「**脇坂**」等姓氏。

用來指示靠近什麼附近的「端」，應該也可歸類成方位由來。以靠河川附近的「**川端**」、「**河端**」為首，其他還有許多如「**田端**」、「**池端**」、「**江端**」、「**溝端**」、「**山端**」等姓。

職業由來的姓氏

除了地形與方位之外，還有職業由來的姓氏。現代人可自由選擇職業，但是在江戶時代以前，職業基本上是世襲，職業名稱可用來界定特定人家。其實歐美的姓氏很多來自職業，英語圈裡最多的史密斯（Smith）是鐵匠、鍛造師的意思，其他還有「泰勒（Taylor）＝裁縫師」、「米勒（Miller）＝磨坊工作者」，以及「克拉克（Clark）＝事務官」等主要姓氏也都是職業由來。

相較下，日本的職業姓氏沒那麼多，無一進榜全國前一百大，但可依時代大致分成兩類。

一是源自古代公職，亦即因特定技能歸屬大和王權底下的職業部而來。飼養動物在當時也是職業之一，以照顧獵犬和看門犬的「**犬飼**」和「**犬養**」為首，其他還有養鳥的「**鳥飼**」、養鸕鶿（日語：鵜）的「**鵜飼**」和養牛的「**牛飼**」等。

現代的「**三宅**」是源自古代直屬大王家管轄地的「屯倉」（miyake），而「**田部**」和「**田邊**」等姓是從管轄地內耕作的人「田部」而來。另有管理戶籍之戶部由來的「**戶部**」等，像這種叫「～部」的多是古代職業部由來的姓氏。「大藏」也是來自朝廷機關的大藏寮（註：朝廷官物管理機關）。

「**服部**」也是前述「～部」由來的職業姓氏之一，古時寫成「服織部」（Hataoribe），是指負責紡織的人，爾後去掉中間的織字成了「服部」，發音卻省略了末端的「be」，又進一步音變成「Hattori」。由於漢字和發音省略的地方不同，也讓「服部」成了難以掌握正確唸法的姓氏。

源自古代「錦織部」（Nishikoribe）的「**錦織**」同樣也是漢字和發音取捨的部位不同。一開始是取「錦部」唸作「Nishikori」，漢字和發音對不上，爾後才順應發音把「部」改為「織」，成了「錦織」。但現代「錦織」有三種唸法，各是「Nishikiori」、「Nishikoori」以及「Nishikori」，其中以「Nishikoori」最多、占超過半數以上，而日本網球選手錦織圭的姓則沿用最原始的唸法「Nishikori」。

地方首長的國司是個輪調的職位，由中央派遣來的貴族擔任；指派地方有力人士擔任的郡司則多屬世襲制，而有了「**郡司**」這個姓。「**軍司**」應該也是從這裡來的。另有郡司底下管理「鄉」的「**鄉司**」，以及等同當今村長的「**村主**」，唸法很特別，叫「Suguri」，相傳源自古代朝鮮語。負責擔任行政機構最末端的村中有力人士稱「Tone」，寫作「**刀禰**」、「**刀祢**」和「**刀根**」等。

其他還有從負責製造弓的弓削部而來的「**弓削**」、產製須惠器（註：日本古墳時代到平安時代生產的陶器）的「**須惠**」和「**陶**」、跟漁業有關的「**海部**」以及造箭的「**矢作**」等。

另有一群從地方豪族派到大王家，服侍大王家一族的團體叫名代。他們之中有根據雄略天皇的宮殿長谷朝倉宮命名的「**長谷部**」，以及根據木梨輕皇子命名的「**輕部**」等。岡山縣很多姓「**白髮**」和「**白神**」的，是根據被稱作白髮皇子的清寧天皇命名的。

雖然職業部和名代隨律令制的整備逐漸被廢除，但那些稱號終究成為一族的姓氏，被沿用下來。

平安時代中期之後莊園由來的姓氏不斷增加，管理莊園的人稱莊司，也是Shoji桑的由來。除了「**莊司**」還發展出「**庄司**」、「**東海林**」、「**庄子**」和「**正司**」等寫法。

在莊司底下負責徵稅的叫「**公文**」或「**下司**」，這兩個姓多分布在高知縣。根據管理地方稅務的行政機關「稅所」產生的姓——「**稅所**」則多分布在鹿兒島縣，而「**才所**」、「**最所**」和「**最初**」等姓應該也是出自同源。

即使是大名身分者，有些人的姓也是職業由來。室町時代的九州北部有個叫少貳的有力大名，其先祖任大宰少貳一職而有此姓。東北大名的留守氏也是取自陸奧留守職的職稱。

室町時代以後商業發達，循私人企業名稱的姓氏也隨之增加，當時發達的金融業者以「土倉」稱之，成了「**土倉**」的由來。

到了江戶時代，以「～屋」的屋號做為姓氏的商家變多了。屋號裡有標示商品名稱者，也有標示地名者，是用來表示交易對象，如越後屋、三河屋、伊勢屋等，多為當時的國名。但也有像「仙北屋」是跟秋田交易卻以國內其他地域名稱為屋號的。

以屋號自稱的商家，到了明治也需要登錄戶籍，在決定姓氏的時候出現了以下三種形式，舉越後屋的例子而言：

①直接用屋號「**越後屋**」登錄姓氏

②把「屋」改為「谷」，以「**越後谷**」來登錄

③把「屋」拿掉，登錄成「**越後**」

以第②種情況來說，有的會把讀音從「～屋（ya）」改為「～tani」。例如染坊的「紺屋」把屋改為谷，以「**紺谷**」登錄姓氏後，有的會把原來的唸法「Konya」一併改成「Kontani」。這種情況下很難一眼就看出該姓氏是出自染坊。

而且每個地方採用的形式也不盡相同。秋田市附近因當年北前船貿易興盛而出現許多屋

號由來的姓氏。尤其秋田市內摻雜了直接用「～屋」登記，跟改屋為谷的兩種，而有很多叫「越後屋」跟「越後谷」、「**加賀屋**」跟「**加賀谷**」、「**播磨屋**」跟「**播磨谷**」的姓。反之，緊鄰一旁的男鹿市幾乎不見「加賀屋」，倒有不少姓「加賀谷」的，可見每個港口居民對姓氏的取向不同。

跟秋田一樣有許多屋號由來姓氏的地方是大阪南部。以泉佐野市來說有「**刀谷**」、「**河內谷**」、「**鍋谷**」、「**鱠谷**」、「**番匠谷**」和「**日根野谷**」；岸和田市有「**小間物谷**」、「**名小路谷**」、和「**風呂谷**」等其他地方罕見的姓氏，「～屋」在這裡卻成了少數。

富山縣射水市的新湊地區有很多是把「屋」字拿掉，直接用「**網**」、「**石灰**」和「**米**」等商品名稱為姓的，經常以「珍奇姓氏大集合城鎮」為題，成為電視媒體報導的對象。

「**越後**」和「**伊勢**」等古代國名的姓氏也是如③做法，把「屋」字拿掉的較地名由來者多。因為這種情況下以國名當作姓氏的話，會無法分辨住在同一地方的不同人家，就像越後國的住民如果都以「越後」自稱的話，會無法分辨誰是誰。反之，從越後國搬到其他地方的，有的會以出身國「越後」自稱。實際看到以古代國名為姓的分布情況，該姓人口集中的地區基本上跟舊國名是分屬兩地的。

藤原氏由來的姓

到目前為止介紹的是以自然發生的姓氏為主，接下來要介紹的是跟那完全不同、依特定意識命名的姓，也就是以「藤」結尾的一群。

平安時代裡，藤原氏一族席捲了朝廷，為區分彼此，貴族以宅邸所在地等家號自稱，但住不起豪宅的中、下級官僚只好以朝廷職稱為姓。另一方面，從藤原氏一再分出的支流，就算身為貴族也無法分得重要職位，跟其他上下級官僚一樣取職稱為姓的話又無法張顯自己是當時日本第一世家藤原氏的後裔，於是想出了以「～藤」命名的方式。

當時公家之間吹中國風，流行用單一漢字取姓。像「源」、「平」和「橘」等本來就只有一個字的可直接沿用，其他如菅原氏、大江氏和清原氏等得另起稱號，成了「菅家」、「江家」和「清家」，藤原氏則稱「藤家」。

因此，派駐伊勢擔任伊勢守的藤原氏便取伊勢的「伊」和藤原的「藤」稱為「**伊藤**」，如此一來不但能張顯伊藤一族是出自「藤家＝藤原氏」，還能和其他家有所區別。

同樣地，加賀的藤原氏稱「**加藤**」、遠江的藤原氏稱「**遠藤**」、近江的藤原氏稱「**近藤**」、尾張的藤原氏稱「**尾藤**」、紀伊的藤原氏稱「**紀藤**」、備後的藤原氏稱「**後藤**」、出雲的藤原氏稱「**雲藤**」等。另有一個不是取自國名，但也是貴族出身的下野國那須藤原氏則取「**須藤**」為姓。

此外，也有利用職業名稱組成姓的。像是服務於左衛門府、擔任左衛門尉的藤原氏，在左衛門的「左」字加上「亻」字旁成了「佐」，再搭配藤原氏的「藤」字，取名為「**佐藤**」。

其他還有身為木工寮官員的**工藤**氏、服務於齋宮寮的**齋藤**氏、任職於武者所的**武藤**氏，以及身為內舍人（帶刀宿衛）的**內藤**氏等。

至於「**安藤**」這個姓有兩種說法，一是安藝國的藤原氏，二是安倍氏與藤原氏結為姻親，從兩氏各取一字而來。

藤家由來的姓氏雖然種類不多但人口眾多，以日本第一大姓的「佐藤」為首，進入前一百大的有十個，前一千大的有十六個，前五千大的有三十八個。

八十五變的齊藤

Saito這個姓大致分成「**斎藤**」、「**斉藤**」、「**齋藤**」和「**齊藤**」四類，其中「斎藤」和「齋藤」只差在新舊字體的不同，意思完全相同。「齋」的訓讀為「itsuki」，從字體下半部的「示」字可以知道是跟祭神儀式有關。

「斉藤」和「齊藤」也差在新舊字體，訓讀為「hitoshii」，音讀為「sei」，跟中文的「齊」字意思相同，是共同、同時的意思。就漢字的意思看來，「斎藤、齋藤」與「斉藤、齊藤」是兩組不同的姓，但是在姓氏的世界裡彼此通用，無論哪種寫法都來自同一個祖先，只不過是在明治時代登錄戶籍時採用了不同寫法。偶爾會聽到「使用舊字體的是歷史比較悠久」的說法，可視為無稽之談。

齊藤的「齊」字竟有高達八十五種變化

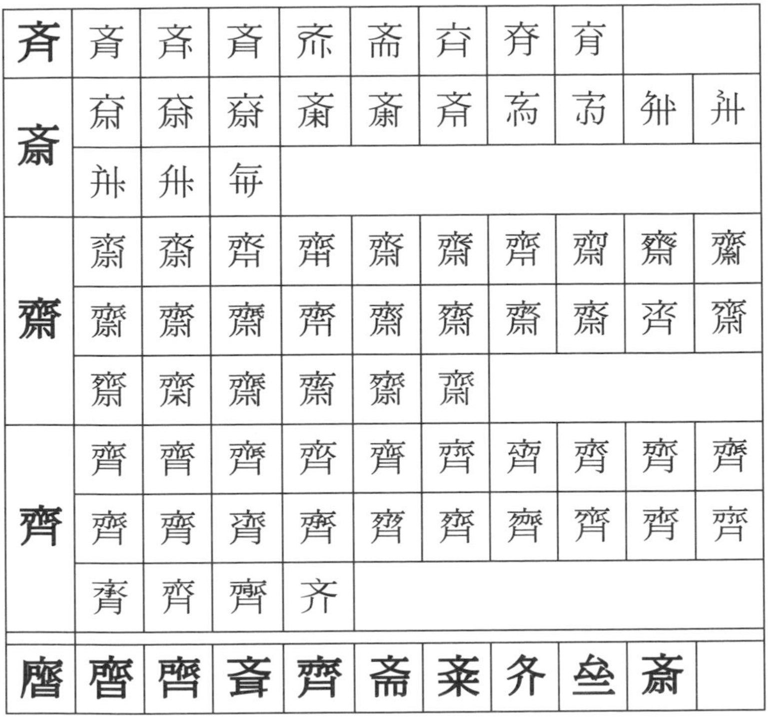

除了部分明顯可看出是異體字之外，很多看起來根本就是別字。

註：新字體是將舊有的漢字字體(正體)革新後的字體，尤指日本內閣公告的《當用漢字字體表》（1946年）中將正體簡化後的字體。例如「齊」的新字體是「斉」、「澤」的新字體是「沢」。

本書採用的姓氏排名裡沒有新舊字體之分，所以「斎藤」和「齋藤」一視同仁地排在第十五，「斉藤、齊藤」排第三十八，兩組都是前五十大姓，合計總數超過排名第十的「加藤」，無疑是檯面下的前十大姓。

令人感到驚訝的還不僅止於此，齊藤跟其他姓氏明顯不同的是種類繁多的異體字。平成之後日本戶政邁向電子化，已經完成了百分之九十九，在戶籍調查過程中陸續發現了字典裡查不到的漢字。這種漢字書寫錯誤的情形在其他姓氏裡雖然也很常見，但是叫 Saito 桑的人很多，而且「齊」字筆劃複雜，因而衍生出千奇百怪的寫法。根據負責戶籍資料電子化的主要企業的說法，「齊」這個字實際有高達八十五種寫法，而這還只是該企業負責的範圍內清查出來的數字，可能還存在其他更多的變化。

當然，這麼多種類並非全然因為寫錯的關係，除了挑筆和頓筆等些微的筆法差異也會被視為是個別漢字之外，還有一些是特意做變化的。例如把「齊」字中間的「Y」改成「了」，或是把「斉」字的下半部寫成「月」的也很多，甚至有的側邊多了個「、」而備受爭議是否該視為漢字的字型。再看到「亝」這個字，根本就是超乎異體字的範圍，卻能在電腦裡用萬國碼字元格式 UTF-8 搭載的字體打出來。

戶政事務所的人看到如此不可思議的漢字變化也不能任意變更登記內容，必須取得本人同意之後才能把五花八門的寫法分類成基本的「斎」、「齋」、「斉」、「齊」四類。當然，也有人堅持使用原來的字，就算那個字是不存在的。這種情況下，戶政人員也會順民眾的意思保留原來的登記內容，因此日本戶政現存的齊藤大約有二十種寫法。

根據前述企業的說法，同樣是筆劃複雜且使用率高，形成多變異體字的還有「藤」這個字。總之，「Saito」可能是全日本寫法最富變化的姓了。

賞賜由來的姓氏

日本人的姓氏大多來自目前已經提及的地名、地形與風景、方位與方向、職業以及藤家等五種。少數來自其他緣由的姓氏裡，最多的是賞賜得來的姓。

大部分的姓氏是經由自我意識決定，但也有從身位地位高的人那裡領受來的，這些姓氏有幾種類型。

一是以獎賞為目的，被賜與特別姓氏。像是戰場上因驍勇奮進受殿下賞賜的「**無敵**」、萬夫莫敵的「**百武**」，以及從大阪夏之陣戰役平安歸來的「**歸家**」等，都是出了名的例子。尤其德川家康似乎是個愛賞人姓氏的主子，各地都有「從家康那裡領受」的姓氏傳說。

德川家康的生涯裡曾吃過一次大敗戰，在濱松時代的三方原之戰裡輸給了旨在前進京都的武田信玄。家康在逃命之際曾於一戶農家那裡分得一碗粥，而賜予對方「**小粥**」的姓做為謝禮。該姓至今仍存在於靜岡縣，多唸成「Okai」或「Ogayu」，據說小粥本家的家紋是碗的上面排著一雙筷子的意思。

家康入主江戶之後也有相關的傳說。有次家康想夜渡位在現在埼玉縣川越市附近的河川，因天色過暗而受阻，於是村民全員出動持火把照亮河面助其平安渡河。家康對村民們說：「今夜跟白晝一樣明亮，我就賜你們『昼間』（Hiruma，白天的意思）的姓」。現在埼玉縣西南部還有很多姓「**昼間**」的。

戰國時代盛行以土地做為對武士的賞賜，戰國時代結束後土地也被分得差不多，已經沒有土地可以獎賞，於是豐臣秀吉改用金錢和財物來收買人心。但這種方式會消耗財產，於是家康改以姓氏做為名譽上的賞賜，果真是一毛不拔的鐵公雞。

江戶時代之後又出現了不太一樣的姓氏賞賜，是大名和旗本對家臣賜與跟自己相同的姓氏。當然，能獲得如此光榮賞賜的，也只限於家老等級的重臣。

德川幕府把德川一族的姓「松平」賜給許多大名。從江戶時代的市街平面圖可以看到許多叫松平的人家，但松平薩摩守的本姓是島津氏、松平土佐守是山內氏，兩者均非德川一族。島津氏和山內氏的後代在明治登錄戶籍時順理成章地回歸本來的「**島津**」與「**山內**」。

賜姓的舉動後來也普及到地方藩國，俸祿高達四十二萬石之安藝廣島藩的家老裡有兩人姓**淺野**，一是藩主三原淺野氏的分家，另一是淺野幸長賜給名叫堀田高勝的武將的。廣島藩的重臣裡還有本來姓「**關**」的淺野氏。同樣情況也發生在岡山藩、土佐藩和佐賀藩裡。

在更低階的武家裡也有主公賜姓給家僕的情形。明治的時候就有主人用自己的姓氏為家僕登錄戶籍的實例。此外，沿用同一個商號開分店獨立營生的商人，有的會從老東家那裡領受前主人的姓氏，也有的在收購人去樓空的店面時順便連姓都附上了——也許是因為在當地做買賣，還是沿用原來的姓較為妥當的關係。

我去訪問各地的時候常聽到類似傳聞，由於這些賞賜得來的姓氏很少留下正式紀錄，實際上數量很多也說不定。

僧侶的姓氏

說「江戶時代除了武士以外，其他人沒有姓氏」是不對的，其實農民也是有姓氏的。這一點在前面已經提過，但並非所有的人都有姓。

僧侶就是無姓氏的代表者。過去的僧侶很多是出身上流社會，大部分的人在出家前應該都有姓，只是出家時捨棄俗名改用法號。

明治政府強制要求僧侶也必須在戶籍上登錄氏名，但大部分的僧侶依然捨棄過去的姓，而取佛教用語和經典登錄新的姓氏。誠如序章裡提到的，淨土真宗東西本願寺的法主是以宗祖親鸞的廟堂所在地——京都的「**大谷**」——為姓。

僧侶由來的姓氏裡最多的是「**釋**」，其他還有名式各樣的稱呼，例如日本職棒廣島東洋鯉魚隊梵英心選手的姓。「**梵**」是梵語 brahman 的音譯，古印度婆羅門教認為梵是最高原理和創世的根源，在佛教也融入相同概念。但為什麼日語的「梵」字唸成「Soyogi」？那是因為「梵」這個漢字的原意是被風輕拂沙沙作響的意思。僧侶在當時屬最高知識階級，所以僧侶由來的姓對日本人來說很多是不知道怎麼個唸法的。

特殊由來的姓氏

到目前為止，已把姓氏種類和由來一般歸類成地名、地形、方位、職業、藤家、賞賜和僧侶等七種。另有一門屬特殊由來，其中最具代表性的是帶有傳說性質者——桓武平氏、城氏支流的旗本玉虫氏的由來。據說永觀二年（九八四年）玉虫氏的祖先在越後國岩船郡石井村（現新瀉縣）的戰役中敗北，正要切腹自殺的時候，突然被一位老翁阻止而救回一命，之後老翁化成金龜蟲飛將而去，玉虫的祖先從此以「**玉虫**」（金龜蟲）為姓。

京都貴船神社神官舌氏的由來也很了得。話說古代貴船的神為降伏貴船山中眾諸神從天而降的時候，眾神裡有個愛嚼舌根叫牛鬼的因泄露天機，舌頭被撕裂成八大塊之後遭流放。牛鬼後來回到貴船，為警惕自己而以「舌」為姓並成了神官。

也有的姓是根據歷史偉人取名的。例如三重縣一個叫「**肥滿**」的姓就有這樣的傳說，肥滿氏的祖先有一次請雲遊的僧侶來家中過夜，隔天早上僧侶遞給主人一顆小石子當作謝禮。不知為什麼，這顆石子越變越大，很快成了一顆大石頭，村莊也跟著繁榮起來。後來才聽說那個僧侶其實就是鼎鼎有名的弘法大師，村裡的人於是把石頭供奉起來，並把自己的姓取為「肥滿」。

岩手縣的風呂氏，傳說是因為借宿一晚給逃出平泉、計劃前往宮古的源義經，當晚並燒柴供其入浴而獲賜「**風呂**」一姓。根據歷史記載，源義經應是命喪平泉，但有一則傳說指出源義經其實成功逃到北方（即北歸行傳說），「風呂」一姓便是依此傳說而成立。但北歸行傳說始見於室町時代的《御伽草紙》（故事文學），這個姓很可能在那之前就已經廣為流傳了。

有的姓雖然還不到傳說等級，卻是祖先因循某種特殊意義而命名的。

群馬縣館林市有個歷史悠久的**大朏**氏，據說原來姓「**大月**」，服侍於**佐野**氏，分家時取「從大月而出」之意，把漢字改為「大朏」。「**二十里**」這個姓則是因為戰敗逃亡，行到二十里（約八十公里）處停腳的關係而命名。像這種依個人意識命名的姓無法按一般歸類。

近年歸化日本籍的外籍人士增多，新的姓氏也不斷增加。直到昭和年間，歸化日本國籍仍必須改姓日本姓，當時歸化的人不多，多數也因為和日本人結婚而直接登錄配偶的姓。然而到了平成，住在日本的外國人激增，歸化人口隨之增加。足球、相撲和職棒等體育界從海外招募的選手，很多直接在日本住下，有的甚至為了代表日本出席國際比賽還取得日本國籍。此外，在日本土生土長的二代移民也越來越常見，大部分在選擇國籍的時候會選日本。種種因素讓日本政府無法強制外籍人士在歸化時使用日本傳統姓氏，漸漸改成循外國姓氏發音套用漢字，或直接用片假名登記的方式。

特定姓氏人口增加的原因

日本逾十萬種姓氏裡，從「**佐藤**」這樣有二百萬人口的大姓，到只此一戶人家的珍奇姓氏都有。排名在前的姓氏又是憑什麼成為大姓的？

首先，源頭的數量是個重要因素。想像地名由來的姓氏若來自一個全國就那麼一個地方叫那個名字的情況下，也只有住在那裡的人才會叫那個姓。反之，相同地名在各地都有的話，同一姓氏就會出現在全國各地。舉例來說，叫「中村」的地方很多，翻開平凡社出版的《日本歷史地名大系》這本書，光是標題裡以「中村」開頭的地名（包括中村川等）就有三百五十處以上，若把標題以外的小地方也加進來，**中村**桑的發源地還真是遍及日本全國各地。

地形由來的姓氏根本無從考究其發源地的個數。比如「**田中**」是借景「在田的中央」，這般風景可謂無所不在。又像是意指山腳下的「**山下**」和「**山本**」等，因地形普遍，其發源地也就為數可觀。

此外，一族的繁榮也很重要。僅能勉強糊口的環境很難繁衍後代子孫。一族的壯大來自於氏族的分家，要分家就得要有一定程度的經濟能力。

但也不是越繁榮就越能成為大姓。在日本有個潛規則是「不能跟主子取同樣的姓」，即使沒有硬性規定，但身為家臣的總會避免使用跟主公一樣的姓，除非是從本家分支出來或是取得特別許可的重臣，否則必然取用其他姓氏。

倘若因戰敗又或者是封地轉換的關係，領地裡來了個新的支配者，而自己的姓又跟新領導的姓相同的話，家臣也會有所顧慮而改用其他姓氏。晉升成為一國之君的大名之後，領國內跟自己同姓的人會減少；一旦統一天下，全國上下能用那個姓氏的又更少了，因此將軍後代的「**足利**」和「**德川**」人口不多。當然，如果那個世家滅亡或轉封其他領地，沒有了主子的顧忌，同姓人口也有可能再度增加，就像織田信長未能統一天下且實際支配的期間也不長，所以叫「**織田**」的人相對比較多。

話峰一轉，翻閱歷史書的時候常可見到「～家滅亡了」的記述，這種寫法總讓人以為全族被趕盡殺絕、無一倖存，有人甚至極端認為源平之戰敗北的平氏沒有留下任何子嗣。

當然不是這樣的，就算是血洗人間的戰國時代，要負起戰敗責任自盡的也大概只到領主、領主的兒子和親兄弟等級，其他族人和家臣不是逃到別的領地就是臣服於新領土。每次戰勝就趕盡殺絕的話，將無法順利管理新的土地，因為對戰國武將而言，重要的是取得與經營豐收的土地，有地卻沒有人耕種，什麼事也成不了。所以歷史書裡寫到已被滅亡的武田信玄和淺井長政等氏族，其子嗣到江戶時代仍確實存在。

雖然中世的武士多以支配地為姓，也常隨領地變更改變自己的姓氏，但是東北地方的武士為了明示自己和中央的關係，很多會特意沿用原來的姓氏。而平安中期以後下鄉當官的「～藤」一族，到了東北也會沿用原來的姓，不改姓當地名稱。

到了鎌倉時代，出身貴族的千葉氏和葛西氏的祖先從中央來到關東，取當地名稱為姓，他們的子孫也繼續沿用「**千葉**」和「**葛西**」的姓，以張顯自己跟幕府的有力氏族有關係。

現在沿用「**源**」和「**平**」等姓的人也以東北地方最多。

名門世家還可用招贅的方式來增加人口。出身中央、屬名門後裔的地方官，一旦跟實質掌握地方權力的在地武士結為親家，身為女婿的武士有的會改姓女方家的姓。如此一來可結合在地的實力與名門後裔姓氏所代表的權威，進一步鞏固統治地方的結構。

此外，名家也存在著「永久不滅」的要素。過去身為朝廷重臣的公家和大名，沒有子嗣的話就收養子延續香火。即使到了現代，貴族世家如此，地方名家和經營事業的家庭也多藉由養子承襲家業。反之，對於沒有這種特殊情況的一般家庭而言，恐怕沒有必要這麼做。

總歸來說，成為大姓的要因有：

- 有為數眾多的發源地
- 能張顯與朝廷和幕府的關係
- 具某種程度的家世背景、資金與財力
- 非支配地的最高領導

現代多數的大姓是過去有適度權力與財力，也就是屬中階管理職級的姓氏。

第2章——從祖先尋根

本章登場的日本姓氏（保留原文、依揭示順序排序、省略重複者）

源 平 橘 清原 在原 高階 春原 豊原 蘇我 物部 紀 大伴 葛城 土師 中臣 安倍 春日 高橋 久米 膳 巨勢
穂積 粟田 藤原 小野 菅原 大江 佐伯 三枝 金刺 尾張 犬上 日下部 熊野 出雲 吉備 和気 笠 綾 越智 安
曇 荒木田 度会 賀茂 鴨 卜部 宇佐 秦 大蔵 狛 坂上 丹波 惟宗 高麗 男衾 川勾 甘糟 人見 荏原 藤田 岡
部 内島 蓮沼 友庄 横瀬 野部 木里 尾園 有道 児玉 入西 秩父 宿谷 塩谷 富田 庄 阿佐美 四方田 浅羽
小代 生越 小見野 粟生田 吉島 山名 島名 矢島 田子 竹沢 大河原 新屋 片山 稲島 大類 大浜 鳥方 小幡
奥平 大淵 倉賀野 多治比 中村 竹淵 古郡 黒谷 岡田 小鹿野 坂田 大窪 栗毛 横瀬 弥郡 薄 織原 勅使河
原 堀口 南新居 青木 新里 由良 安保 滝瀬 長浜 榛沢 小島 志水 加治 中山 白鳥 岩田 藤矢淵 野上 井戸
葉栗 横山 粟飯原 椚田 海老名 平子 石川 野内 平山 野平 田名 藍原 野部 山崎 鳴瀬 小倉 菅生 大貫 由
木 室伏 大串 伊平 古内 田屋 八國府 山口 愛甲 古庄 野巻 村山 大井 宮寺 金子 難波田 多賀谷 須黒 仙
波 日奉 長沼 由木 上田 小川 平山 由井 田村 立川 稲毛 多名 鬼窪 萱間 道智 笠原 西脇 南鬼窪 白岡
渋江 高柳 大相模 柏崎 戸田 須久毛 八条 金重 野島 成木 久下 河原 太田 小沢 市田 楊井 熊谷 工藤 伊
東 二階堂 河津 狩野 入江 天野 船越 吉川 早川 三石 田島 門川 木脇 稲用 佐藤 近藤 波多野 伊賀 首藤
山内 尾藤 伊藤 武藤 大友 門司 少弐 淵名 小山 下河辺 長沼 結城 皆川 鹿子木 三池 築井 詫間 帯刀 元
吉 一万田 鷹尾 志賀 田原 戸次 野津原 狭間 野津 木村 田北 入田 松岡 利根 佐野 鹿沼 小見 戸室 田沼
柴宮 久賀 中江川 桐生 蒲生 内藤 斎藤 大田 石浦 林 富樫 飯河 後藤 進藤 伊達 伊佐 安達 上杉 長尾
武田 佐竹 今川 多田 能勢 田尻 溝杭 平岡 土岐 明智 浅野 遠山 蜂屋 舟木 揖斐 多治見 妻木 稲沢 野長
瀬 稲木 額田 真崎 稲本 高部 長倉 大内 中条 小瀬 山入 小場 石塚 大山 藤井 栗崎 戸村 上村 天神林
岡内 宇留野 今宮 柏木 箕浦 錦織 安田 逸見 加賀美 平井 河内 曽根 奈胡 浅利 八代 田井 一条 板垣 甘
利 秋山 小笠原 南部 於曽 黒坂 岩崎 馬淵 円井 駒井 下条 山高 穴山 布施 栗原 市部 江草 今井 倉科
山宮 小佐手 油川 岩手 松尾 勝沼 柳沢 一戸 四戸 九戸 波木井 新田 仲舘 津軽 三好 伊那 知久 片桐 飯
島 大島 二柳 夏目 手塚 飯沼 依田 芦田 村上 因島 能島 来島 久留島 井上 宇野 隈部 土方 江川 浦野
山田 葦敷 高田 小河 足助 山名 里見 世良田 得川 江田 新井 大館 堀口 細谷 脇屋 横瀬 岩松 徳川 喜連
川 畠山 桃井 仁木 細川 吉良 斯波 渋川 石塔 一色 関口 入野 木田 蒲原 瀬名 堀越 品川 最上 大崎 天
童 黒川 高擶 蟹沢 成沢 中野 大窪 楯岡 東根 鷹巣 上山 高泉 名生 内崎 百々 涌谷 津川 山野辺 渡邊

波多 石志 神田 佐志 有田 山代 八並 値賀 鶴田 鴨打 伊万里 有浦 相浦 大原 五辻 綾小路 慈光寺 庭田
佐佐木 狭々貴山 京極 朽木 尼子 隠岐 塩冶 加地 鏡 沢田 佐保 山中 万木 葛岡 高島 田中 磯部 野木 久
我 梅渓 久世 東久世 岩倉 千種 植松 六条 中院 愛宕 北畠 浪岡 木造 大河内 星合 田丸 名和 赤松 河尻
白川 広幡 西洞院 平松 石井 長谷 交野 時國 阿佐 相馬 三浦 大掾 梶原 渋谷 土肥 大庭 岩城 武石 大須
賀 國分 東 原 鏑木 木内 椎名 臼井 円城寺 匝瑳 石出 海上 風早 津久井 芦名 岡崎 真田 土屋 和田 朝
比奈 佐原 横須賀 正木 石毛 小栗 行方 鹿島 馬場 税所 栗崎 島崎 薄 高辻 唐橋 前田 日野 北小路 毛利
長井 那波 海東 田総 柴橋 寒河江 北条 有富 麻原 中馬 福原 坂 桂 志道 口羽 舟橋 伏原 芳賀 宇都宮
帆足 長野 小田 魚返 古後 浮穴 石田 高市 新居 島山 井出 周布 寺町 弘田 児島 河野 高井 稲葉 一柳
薗田 井面 世木 納米 藤波 中川 佐八 檜垣 松木 久志本 佐久目 河崎 宮後 千家 北島 高浜 井田 稲岡 香
取 諏訪 千秋 梨木 泉亭 大西 松本 樹下 生源寺 津守 辰市 紀國造 宗像 阿蘇 到津 宮成 東濃 原田 秋月
長宗我部 島津 宗 川勝 右田 吉敷 問田 鷲頭 益成 仁戸田 江木 陶 末武 矢田 柿並 五島 相良 大浦 浪岡
阿蘇沼 及川 久慈 千葉 稗貫 和賀 秋保 長江 松坂 留守 亘理 猪苗代 磐城 河原田 標葉 浅利 打越 戸沢
成田 仁賀保 六郷 大宝寺 土佐林 江戸 小野崎 笠間 宍戸 額田 芦野 伊王野 大関 大田原 千本 那須 皆川
壬生 薬師寺 安中 小幡 彦部 横瀬 粟飯原 臼井 円城寺 簗田 金田 酒井 庁南 安西 宿谷 本庄 宇田川 大
石 豊島 三田 宮城 間宮 大森 松田 柿崎 新発田 上条 本間 石黒 神保 熊木 長 温井 遊佐 堀江 本郷 粟
屋 穴山 小山田 加藤 相木 海野 木曽 栗田 黒河内 須田 高梨 仁科 知久 千野 伴野 室賀 屋代 山村 明智
安藤 氏家 鷲見 高木 竹中 坪内 遠山 不破 江馬 三木 蔭山 富永 朝比奈 興津 葛山 由比 井伊 石野 奥山
久野 向坂 横地 織田 佐治 久松 水野 鵜殿 菅沼 鈴木 牧野 松平 愛洲 乙部 神戸 楠 関 青山 小浜 九鬼
柘植 服部 福地 青地 朽木 多賀 多羅尾 三雲 目賀田 山岡 革島 神足 調子 中小路 上林 塩見 赤井 足立
荻野 稲富 甲斐荘 若江 淡輪 沼間 安威 芥川 池田 茨木 伊丹 明石 魚住 宇野 櫛橋 上月 小寺 別所 太田
垣 垣屋 田結庄 八木 菅 筒井 十市 柳生 雑賀 周参見 堀内 湯川 吉岡 小鴨 南条 行松 赤穴 神西 宍道
三沢 三刀屋 周布 益田 三隅 吉見 浦上 日笠 赤木 莊 三村 植月 江見 草苅 杉原 和智 小早川 宍戸 乃美
羽仁 平賀 弘中 杉 天羽 一宮 市原 海部 新開 森 岡 香川 香西 寒川 十河 高原 安富 戒能 忽那 西園寺
土居 二神 安芸 五百蔵 大平 堅田 香宗我部 秦泉寺 津野 本山 安岡 秋月 麻生 香月 蒲池 草野 黒木 上
妻 星野 池永 香志田 佐田 時枝 阿南 臼杵 木付 岐部 財津 田北 都甲 相浦 犬塚 於保 青方 有馬 宇久
大村 小佐々 西郷 長崎 針尾 深堀 松浦 阿比留 赤星 阿蘇 天草 宇土 隈部 合志 志岐 小代 荒武 北原 土
持 野辺 三田井 米良 伊集院 市来 指宿 入来院 加治木 喜入 祁答院 東郷 伊地知 肝付 種子島 新納 禰寝
菱刈 本田 平群

沿用「姓」的姓氏

在第一章也曾提過，現代日本人的姓氏有的是直接沿用長久流傳下來的「姓」。然而古代豪族本來就不多，奈良時代之後「氏（uji）」又被「姓」給統一而變得更少（參見P.11）。現代沿用古代「姓」的姓氏，比較常見的有以下幾種。

天皇家的分家　**源、平、橘、清原、在原、高階、春原、豐原**

畿內的古代豪族　**蘇我、物部、紀、大伴、葛城、土師、中臣、安倍、春日、高橋、久米、膳、巨勢、穗積、粟田**

古代豪族一族　**藤原、小野、菅原、大江、佐伯**

地方的古代豪族　**三枝、金刺、尾張、犬上、日下部、熊野、出雲、吉備、和氣、笠、綾、越智、安曇**

神官　**荒木田、度會、紀、賀茂、鴨、卜部、宇佐**

渡來人系　**秦、大藏、狛、坂上、丹波、惟宗、高麗**

以上很可能是以「姓」登錄戶籍者，唯「高橋」、「小野」、「坂上」和「久米」等有的是後世才取的，光看名字無法判斷是否為古代流傳下來的「姓」。

接下來以來源作區別，帶讀者看看非沿用「姓」，而是以一般稱呼登錄戶籍、占大多數的姓氏。

武藏七黨的姓氏

關於「日本第一個以姓氏自稱的人是誰？」這個問題，沒有明確的答案，但有一說是武藏七黨的武士，而且可信度很高。

武藏七黨完全不見於教科書，在調查姓氏時卻經常映入眼簾，成為一大關鍵字。「黨」是指由血緣關係構成的武士團。以武藏國為中心、分布在關東地區西部一帶的同族武士團被稱為武藏七黨。雖號稱七黨，實際卻超過七個集團，因而不確定這個七是指哪七黨。

武藏七黨取用關東各地名稱為姓氏，源平之戰時以坂東武士的身分從屬源氏，甚是活躍，因而在鎌倉幕府成立後成為御家人，受封遷往領地，在各地繁衍子孫。由於相關族譜保存完整，使得武藏七黨成為姓氏研究領域裡的常客。

接下來看看各黨的由來以及從屬武士的姓氏有哪些。

豬俣黨

豬俣黨的本「姓」是**小野**，始祖為武藏守小野孝泰的孫子時範。時範住在武藏國兒玉郡豬俣（現埼玉縣兒玉郡美里町豬俣），族人擴及武藏國西北部的大里、比企和兒玉郡，形成豬俣黨。嫡系一直傳到戰國時代，天正年間（一五七三～一五九二年）由本名富永助盛的養子邦憲繼承豬俣家。邦憲侍從武藏鉢形城（現埼玉縣大里郡寄居町鉢形）城主北條氏邦，天正十七年（一五八九年）年受命上野沼田城主，計謀奪取真田昌幸的名胡桃城而引發豐臣秀吉進攻小田原。其子孫在江戶時代成為加賀藩士。

豬俣黨的支流有，**男衾**氏、**川勾**氏、**甘糟**氏、**人見**氏、**荏原**氏、**藤田**氏、**岡部**氏、**內島**氏、**蓮沼**氏、**友庄**氏、**橫瀨**氏、**野部**氏、**木里**氏和**尾園**氏等。

其中岡部氏裡別名六彌太的岡部忠澄，在平治之亂時從屬源義朝，後於源平之戰追隨源義經，在一之谷戰役中因殺死平忠度而出名。岡部忠澄的子孫遍布各地、嫡傳子嗣在江戶時代晉升旗本，其在青梅街道沿路種植的杉樹，後來成了東京都杉並區名稱的由來。

兒玉黨

兒玉黨本「姓」為非主流的**有道**，始祖是出仕藤原道隆之有道維廣的孫子，遠峰維行。維行在解除武藏國司一職後仍持續住在武藏國兒玉郡兒玉（現埼玉縣本庄市兒玉町兒玉）而發展成兒玉黨。從全國上下的兒玉氏幾乎都以該族後裔自稱的情形，可見一族繁衍昌盛的程度。

兒玉黨分布甚廣，維行的孫子家行在兒玉郡、資行在入西郡，次男經行的族人更出了武藏國界，廣布秩父到上野國西部一帶。中世為安藝國眾，在戰國時代成為毛利家重臣的兒玉氏便是經行族人的後裔。此外，曾任台灣總督，出身德山藩士的兒玉源太郎是安藝兒玉氏的後裔。兒玉源太郎於明治三十九年（一九〇六年）四月受封子爵，同年七月因腦溢血過世，繼承家督的兒子在隔年被冊封伯爵。

兒玉黨的支流有**入西**氏、**秩父**氏、**宿谷**氏、**塩谷**氏、**富田**氏、**庄**氏、**阿佐美**氏、**四方田**氏、**淺羽**氏、**小代**氏、**生越**氏、**小見野**氏、**粟生田**氏、**吉島**氏、**山名**氏、**島名**氏、**矢島**氏、**田子**氏、**竹澤**氏、**大河源**氏、**新屋**氏、**片山**氏、**稻島**氏、**大類**氏、**大濱**氏、**鳥方**氏、**小幡**氏、**奧平**氏、**大淵氏**，以及**倉賀野**氏等。

其中有不少是源自群馬縣地名，例如山名、島名和奧平等，但這裡的山名氏跟室町時代輪任侍所長官職務之四大名家（四職）之一的守護大名山名氏是不同源。此外，江戶時代俸領十萬石的豐前中津藩主奧平氏雖是兒玉黨後裔，但有一說是為延續香火，從村上源氏納婿而來。

庄氏和小代氏在後來各遷到備中國（岡山縣西部）與肥後國（熊本縣），雙雙成為當地有力國眾。

丹黨

丹黨是古代豪族**多治比**氏的後裔，而多治比氏又是宣化天皇皇子上殖葉的子孫。多治比島在文武天皇時期官拜左大臣、長男池守在養老五年（七二一年）執大納言等，一族擁有可觀的權勢，卻在奈良時代晚期走向沒落。

平安時代中期的天慶年間（九三八～九四七年）同氏後裔的丹治武信被流放武藏國而成了丹黨始祖。武信後來雖得以赦罪回京，孫子峰時卻因出仕秩父郡石田牧別當（註：別當，指公家機關的長官）在當地住下。峰時的孫子武綱成為秩父郡領，擴大在地勢力，之後一族廣布於武藏國西部到北部一帶，結成丹黨。丹黨在武藏七黨之中勢力和兒玉黨相當，兩黨在建和四年（一一九三年）形成對立，最後在畠山重忠的調停下達成和解。

丹黨的支流有**中村**氏、**竹淵**氏、**古郡**氏、**大河源**氏、**黑谷**氏、**岡田**氏、**小鹿野**氏、**坂田**氏、**大窪**氏、**栗毛**氏、**橫瀨**氏、**彌郡**氏、**薄**氏、**織原**氏、**勅使河原**氏、**堀口**氏、**南新居**氏、**青木**氏、**新里**氏、**由良**氏、**安保**氏、**瀧瀨**氏、**長濱**氏、**榛澤**氏、**小島**氏、**志水**氏、**高麗**氏、**加治**氏、**中山**氏、**白鳥**氏、**岩田**氏、**藤矢淵**氏、**野上**氏、**井戶氏和葉栗**氏等。嫡系的中村氏後來遷到播磨國（現兵庫縣西南部）。

江戶時代攝津麻田藩主的青木氏及常陸松岡藩主的中山氏都是丹黨後裔。

橫山黨

橫山黨和豬俣黨同屬小野姓。武藏守小野孝泰的兒子義孝以**橫山**自稱始為黨祖。橫山黨以武藏國多摩郡橫山莊（東京都八王子市）為根據地，廣布於相模國到上野國一帶，世代為源氏效勞。由於多摩丘陵自古又稱橫山的關係，無法確認一族發源的所在，傳聞橫山黨根據地的舊址就在八幡八雲神社（八王子市元橫山町），而妙藥寺的橫山塔便是橫山氏的墓地所在。

橫山黨的支流有，**粟飯原**氏、**椚田**氏、**海老名**氏、**平子氏，石川**氏、**野內**氏、**平山**氏、**野平**氏、**田名**氏、**藍原**氏、**野部**氏、**山崎**氏、**鳴瀨**氏、**小倉**氏、**菅生**氏、**大貫**氏、**由木**氏、**室伏**氏、**大串**氏、**伊平**氏、**古內**氏、**田屋**氏、**八國府**氏、**山口**氏、**愛甲**氏、**古庄**氏以及**野卷**氏等。從中不難發現很多是跟東京都、神奈川縣的地名有關。

其中源自相模國高座郡海老名（神奈川縣海老名市）的海老名氏是出了名的。村上源氏的源有兼和橫山黨結為姻親，收橫山黨的季兼為養子而為海老名氏始祖，直到室町時代一族都很活躍，曾在古典文學《太平記》裡登場。

村山黨

村山黨出身桓武平氏，發源自武藏國多摩郡村山鄉（東京都東村山市）。平元宗之子賴任以**村山**自稱而為始祖。

支流有**大井**氏、**宮寺**氏、**金子**氏、**難波田**氏、**多賀谷**氏、**山口**氏、**須黑**氏、**久米**氏和**仙波**氏等。

其中負盛名的金子氏，始祖是住在武藏國入間郡金子鄉（埼玉縣入間市）、以金子六郎自稱者。金子家忠在保元之亂和平治之亂時期表現活躍，又於源平之戰隨源義經建功而得以在鎌倉時代於各地受封領地。室町時代金子氏仕於關東管領上杉氏家臣的大石氏，戰國時代裡雖是北條氏家臣，在豐臣秀吉進攻小田原時降伏於上杉景勝。

包括戰國時代伊予國眾的金子氏等，據傳日本各地的金子氏均出於此。又，金子家忠的二男家政成為武藏七黨之一野與黨多賀谷氏的養子，繼承多賀谷家，其子孫在後來成為常陸戰國大名。

西黨

西黨的本「姓」是**日奉**。日奉宗賴赴任武藏守一職，就地住下而成為西黨始祖。

支流有**長沼**氏、**由木**氏、**上田**氏、**小川**氏、**平山**氏、**由井**氏、**田村**氏、**立川**氏和**稻毛**氏等。

從姓氏反映的地名也可知道主要分布在現今東京都多摩地區。

其中來自多摩郡平山鄉（東京都日野市）的平山氏出了一個平山季重，仕於源朝賴，在宇治川戰役和一之谷戰役中打響名號。約是應永二十年（一四一三年）時，傳聞平山三河入道建檜原城以為自居，後成為檜原村國眾。到了戰國時代，平山氏重成為北條氏家臣，隨天正十八年（一五九〇年）北條氏滅亡落城，氏重和兒子新左衛門雙雙自盡。

小川氏的後裔則成為薩摩國甑島的領主。

野與黨

提到武藏七黨，從豬俁到西黨的六黨是公認成員，至於第七黨該認列何者則意見分歧。最受推舉的是野與黨。

野與黨也屬桓武平氏，傳聞源自武藏國埼玉郡野與，但現址不明，另有部分族人分家前往武藏東部。

野與黨的支流有**多名**氏、**鬼窪**氏、**萱間**氏、**道智**氏、**多賀谷**氏、**笠原**氏、**大藏**氏、**西脇**氏、**南鬼窪**氏、**白岡**氏、**澀江**氏、**高柳**氏、**大相模**氏、**柏崎**氏、**戶田**氏、**須久毛**氏、**八條**氏、**金重**氏和**野島**氏等。

私市黨

推舉曾在《吾妻鏡》和《太平記》中登場的私市黨為第七黨的也不少。相傳私市黨出於武藏國埼玉郡太田莊之鷲宮神社的族人，始祖為被派任武藏權守的家盛。「私市」原指古代武藏國內為皇妃特設的部（私部，kisaibe），後人把它跟指埼玉郡西部的埼（騎）西（Kisai）混為一談。

支流有**成木**氏、**久下**氏、**河原**氏、**太田**氏、**小澤**氏、**市田**氏和**楊井**氏等。

其中最是出名的要屬久下氏了。源自武藏國大里郡久下鄉（現埼玉縣熊谷市）的久下氏原本跟**熊谷**氏是姻親關係，建久三年（一一九二年）久下直光和熊谷直實就領地邊界一事在源賴朝面前起爭執，直實因講不過直光憤而出家。

承久之亂過後，久下直高赴丹波國冰上郡栗作鄉（兵庫縣丹波市山南町）任地頭，到了室町時代一族已長成丹波國一大國眾，世代以近臣身分侍從足利將軍家。後與丹波守護的細川氏對立，在室町時代晚期轉而沒落。現在「久下」一姓主要集中在以兵庫縣丹波市為中心，向京都府北部一帶延伸的地區。

都筑黨

除了前述八黨，還有一支以武藏國都筑郡（神奈川縣橫濱市都筑區）為根據地的武士團——都筑黨，有時也寫成綴黨。

成為武士的藤原氏後裔

藤原一族席捲朝廷公家與官僚職位成為旺族，但也不是人人都能坐享高官厚祿，在中央失利者只能下鄉當個地方官，很多人乾脆直接在地方住下成了武士。

藤原南家

在圍繞朝廷的藤原氏權勢角力賽中失利的藤原南家，很早就離京下到地方成為武士。

平安初期，藤原為憲擔任負責宮廷營造之木工寮裡「木工助」一職，各取「工」和藤原的「藤」自稱**工藤**大夫。為憲官拜遠江權守，傳到第四代維職時以押領使身分赴伊豆，住伊東莊始稱**伊東**氏。維職的孫子祐經當上伊豆國久須美莊（靜岡縣伊東市）開發領主後又以工藤介自稱。加上《保元物語》裡有個關於出仕源義朝武士的記載——在伊豆國有狩野工藤四郎、五郎等種種事蹟看來，「工藤」幾乎可說是為憲流藤原南家的總稱。祐經因曾我兄弟復仇事件喪命後，家次的嫡子祐家和養子祐繼兩人的子孫爭相繼承祐經遺留的領地。

工藤一族以駿河國為中心，駐守東國（京都東方之國，尤指關東）成為武士世家，從中誕生了許多有力武家。主要有**二階堂**氏、**河津**氏、**伊東**氏、**狩野**氏、**入江**氏、**岡部**氏、**天野**氏、

船越氏和**吉川**氏等。

文治五年（一一八九年）工藤景光和行光父子在奥州征伐中建功，受領陸奥國岩手郡厨川（岩手縣盛岡市），成為奥州工藤氏，隨後從岩手郡擴散到糠部郡一帶，成為現在青森縣最大姓。

不過，一族裡最是發達的要屬伊東氏。分布日本各地的伊東氏幾乎都是工藤氏流的後裔。

伊東氏從維職開祖後，世代以伊豆伊東為根據地的嫡系卻不如遷徙到日向國（宮崎縣）的族人來得有發展。伊東祐經得到源賴朝的寵信，在多處都有受封的領地，於建久元年（一一九〇年）成為日向國地頭，始為日向伊東氏之祖。其庶流先以代官身分前往日向國，取**早川**、**三石**、**田島**、**門川**、**木脇**和**稻用**等姓氏定居當地，再迎接本家前來，以家臣身分輔佐之，最後發展成有力的武家，於戰國時代晉升南九州的大名，在江戶時代任日向飫肥藩主。其他還有備中岡田藩主的伊東家等，族繁不及備載。

說到「**吉川**」這個姓，一般唸成「Yoshikawa」，但工藤氏流的吉川氏，隨駿河國有度郡入江莊吉川鄉（現靜岡縣靜岡市清水區吉川）的發音，唸成「Kikkawa」。一開始似乎寫成「吉香」，後來又多了「吉河」、「吉川」等寫法，最後才漸漸統一成「吉川」。

承久之亂結束後，吉川經光成了安藝國山縣郡大朝莊（廣島縣山縣郡北廣島町）的地頭，傳到兒子經高那一代移住大朝莊，後世在南北朝時代又把根據地移到新莊，後以安藝國國眾身分壯大勢力。戰國時代，興經在尼子氏的麾下與毛利氏對立，但天文十六年（一五四七年）

一族起內訌，叔父經世與家臣森脇祐世等人轉投靠毛利元就。天文十九年，興經被迫退位，由養子——即毛利元就的二男元春繼承吉川家，同年元就派人暗殺興經，自此吉川家實權完全落入毛利家。吉川氏在江戶時代成為岩國藩主。

和泉岸和田藩主的岡部氏也是工藤氏後裔。船越四郎太夫維岡之子，清岡領駿河國志太郡岡部（靜岡縣藤枝市岡部町）後，始稱岡部氏。岡部氏在室町時代原來仕於今川氏，到了正綱那一代，今川氏滅亡，正綱因與人質時代的德川家康甚為熟識而投靠家康，在江戶時代成為岸和田藩主。

藤原北家

即使是問鼎公家最高榮耀的藤原北家也無法顧及全面，多數旁系淪為武士階級，尤其是藤原秀鄉、藤原利仁和藤原山蔭的子孫，各被稱為秀鄉流、利仁流和山蔭流。

秀鄉流的始祖是平安時代中期武將藤原秀鄉，天慶三年（九四〇年）以下野國押領使的身分跟平貞盛一起追討平將門，受封下野國和武藏國國守，進而在關東擴大勢力。俗稱俵藤太、有著擊退大蜈蚣傳說的秀鄉，武藝夙負盛名，吸引多數即使非出於同宗的關東武士也以秀鄉的子孫自稱。

秀鄉的後代有**佐藤**氏、**近藤**氏、**波多野**氏、**伊賀**氏、**首藤**氏、**山內**氏、**尾藤**氏、**伊藤**氏、**武藤**氏、**大友**氏、**門司**氏、**少貳**氏、**淵名**氏、**足利**氏、**小山**氏、**下河邊**氏、**長沼**氏、**結城**氏與**皆川**氏等，在各地繁衍昌盛。

成為豐後國（現大分縣）戰國大名的大友氏之中還出了**鹿子木**氏、**三池**氏、**田村**氏、**築井**氏、**詫間**氏、**帶刀**氏、**元吉**氏、**一萬田**氏、**鷹尾**氏、**志賀**氏、**田原**氏、**戶次**氏、**野津原**氏、**挾間**氏、**野津**氏、**木村**氏、**田北**氏、**入田**氏、**松岡**氏和**利根**氏等。

至於足利氏，雖然跟室町幕府的足利將軍家同樣來自栃木縣足利市，卻分屬不同流派。秀鄉流的足利氏歷史較為悠久，發展出**佐野**氏、**鹿沼**氏、**小見**氏、**船越**氏、**戶室**氏、**田沼**氏、**柴宮**氏、**久賀**氏、**中江川**氏和**桐生**氏等支流。江戶時代中期破格從側用人直升老中的田沼意次便是出於此。

藤原氏一族整體來說支流錯綜繁雜，但出於秀鄉流的奧州藤原氏可說是掛保證的正宗藤原氏後裔。此外，安土桃山時代武將蒲生氏鄉出身的近江**蒲生**氏，以及江戶時代譜代大名的**內藤**氏等也都是秀鄉的子孫。

利仁流開宗之祖藤原利仁，歷經上野介和上總介（註：「介」是律令制下國司四等官制——守、介、掾、目——的第二等官），於延喜十五年（九一五年）當上鎮守府將軍，而有鎮守府將軍利仁之稱，是個充滿傳奇的人物。《今昔物語集》裡寫到，利仁曾準備大量的芋粥宴請藤原基經底下一個叫「五位」的侍衛，這則故事後來成了芥川龍之介小說《芋粥》的典故。完成於南北朝時代的家譜集《尊卑分脈》裡還記述了利仁是個「能飛走海面如有翅，想是神人化身」的事蹟。另有越前國豪族的藤原有仁納利仁為婿的傳說，其房舍遺址位在福井縣敦賀市御名。

利仁的後裔裡被視為嫡系的是**齋藤**氏。利仁的兒子敘用因當上伊勢神宮齋宮寮的長官（齋宮頭），始稱齋藤氏。一族廣布各地，主要分成加賀齋藤、疋田齋藤，以及河合齋藤氏等三大支流，又從後者發展出美濃齋藤氏，出了個美濃戰國大名齋藤道三。

從加賀齋藤氏分出的有**大田**氏、**石浦**氏、**林**氏、**富樫**氏、**豐田**氏與**飯河**氏等。其中富樫氏成了加賀國眾，同時也是歌舞伎劇碼【勸進帳】裡登場之富樫左衛門的原型。

其他還有**後藤**氏與**進藤**氏等也屬利仁流。

藤原秀鄉和利仁同為武將，但山蔭流始祖的藤原山蔭是公卿。元慶三年（八七九年）任參議，後升中納言兼民部卿。除了創建京都吉田神社與攝津的總持寺（大阪府茨木市），在《今昔物語集》裡也有關於被山蔭放生的烏龜後來救了愛子如無（後出家為僧侶）一命的故事。山蔭同時也以魚、鳥料理見長之四條流庖丁道的創始者而聞名。

山蔭的子孫不多，但有個陸奥大名**伊達**（Date）氏。一開始藤原實宗住常陸國真壁郡伊佐莊中村（茨城縣筑西市），稱**伊佐**氏。文治五年（一一八九年）朝宗（常陸入道念西）隨源賴朝征戰奧州，討伐信夫佐藤氏有功而受封陸奧國伊達郡，朝宗與二男宗村同赴領地，成為伊達氏始祖。當時「伊達」唸「Idate」，而伊達政宗在戰國時代掌握東北地方南部實權，於江戶時代成為領六十二萬五千石俸祿的仙台藩主。

其他如活躍於鎌倉幕府初期的**安達**氏也是山蔭的後裔。

藤原北家除了前述三大武家，出於藤原高藤之後的**上杉**氏也很有名。上杉氏世代任天皇祕書官的藏人一職，到了重房這一代仕於皇后利子內親王（院號式乾門院）。建長四年（一二五二年），皇后的養子宗尊親王成為鎌倉幕府第六代將軍，重房隨之前往鎌倉，一族變身武家，受領丹波國何鹿郡上杉莊（京都府綾部市上杉町），成為上杉氏始祖。重房的女兒嫁給足利賴氏，生下家時，孫女清子又嫁給家時的兒子貞氏，生下尊氏，此後上杉家以外戚身分成為足利氏重臣，在室町時代成為關東管領。

戰國武將上杉謙信，原是越後國守護上杉氏家臣**長尾**為景的四男，被收養繼承上杉家，其子孫在江戶時代成為米澤藩主。

源氏與平氏

奈良時代，天皇家會賜新的「姓」給每個因分家而降為臣籍的皇族。到了平安時代，賞賜的「姓」僅限「**源**」和「**平**」，兩者並無明顯的差別，大致來說，離天皇近的賜「源」，稍遠一點的賜「平」，因此皇子多為源姓，皇孫與曾孫多為平姓。

源、平兩氏的始祖均是天皇，各以天皇的名字做區分，例如清和天皇的子孫為清河源氏，桓武天皇者為桓武平氏。

清和源氏一族是武家本宗

約二十個支流的源氏裡最繁榮的要屬清河源氏，德川幕末約二八〇家大名之中，有逾百家自稱清河源氏後代，可謂武家本宗。

清河源氏始祖是第五十六代清河天皇之孫——源經基，其父貞純親王是清河天皇的六男，故有「六孫王」之稱。受賜源姓的經基以臣籍身分赴武藏國足利郡任國司，其房舍舊址位在現JR鴻巢站以西約八〇〇公尺之縣立鴻巢高中校地南側一角、茂林叢生的坡地上。該坡地四周有濠溝遺跡，坡頂平坦的地形彷彿訴說這裡曾是武家館舍。

從創建鎌倉幕府的源賴朝到室町幕府的**足利**將軍家、甲斐的**武田**氏、常陸的**佐竹**氏、遠江的**今川**氏等，出於清和源氏的名家不勝枚舉。但也有學者認為，源經基非清和天皇而是陽成天皇的孫子。

攝津源氏始祖源滿仲像（兵庫縣川西市）　攝影／森岡直浩

攝津源氏

清和源氏的子孫以武家身分在各地繁衍昌盛，支流過多的關係，常以甲斐源氏、信濃源氏等建基的國名來分類。

就族譜來看，清和源氏的嫡系應是源經基的長男滿仲與長孫賴光為首的攝津源氏。

安和元年（九六八年）滿仲受到神明啟示，帶領家臣遷居多田盆地（現兵庫縣川西市多田附近）採掘銀山，開發攝津國河邊郡多田莊，成為攝津源氏始祖，並於天祿元年（九七〇年）創建多田院，做為一族的根據地。多田莊取道龜岡可就近抵達京都，而與周圍隔絕的盆地地形不但適合駐紮武士團，又能阻斷朝廷檢非違使（註：

檢察非法、違法的天皇使者）的權力行使，使得滿仲在當地享有極大權力。JR川西池田站前有個「源氏之祖源滿仲公」銅像，川西市又被稱為源氏發祥地。

但在賴光之後，嫡系的地位被河內源氏所取代（參見P.122）。賴光從滿仲那裡繼承了多田莊，約是從兒子賴綱那一代始稱**多田**氏。比起軍事更長於貴族奉公的賴綱，把莊園獻給攝關家以拉攏關係，隨平安時代後期攝關政治衰退，一族也跟著沒落。治承四年（一一八〇年）加入以仁王舉兵行列的源三位賴政是賴綱的孫子。

攝津源氏的支流還有**能勢**氏、**田尻**氏、**溝杭**氏和**平岡**氏等。

美濃源氏

攝津源氏的賴光、賴國父子任美濃守，賴國的兒子國房住美濃國土岐郡而成為美濃源氏始祖。國房之孫光信是**土岐**氏之祖，領引一族成為美濃國旺族。光信的孫子光衡成了鎌倉幕府的御家人，而光衡的曾孫賴貞——同時也是鎌倉幕府執權北條貞時之孫——卻加入足利尊氏討伐幕府的行列，在建武政權底下成為美濃守護，此後美濃守護由土岐氏獨占，在當地發展成龐大氏族，據說子孫超過百家以上。**明智**光秀、【忠臣藏】赤穗義士的主君**淺野**內匠頭、以【遠山的金先生】一劇名聞遐邇的江戶奉行**遠山**金四郎等，均出於美濃源氏。其他還有**蜂屋**氏、**舟木**氏、**揖斐**氏、**多治見**氏和**妻木**氏等。

河內源氏

取代攝津源氏、以清和源氏嫡系身分活躍於歷史舞台的河內源氏始於住在河內國古市郡壺井（大阪府羽曳野市）的賴信。賴信是滿仲的三男，其子賴義和孫子義家各在「前九年之役」與「後三年之役」平定東北地方，取得源氏當家地位。但第四代的義忠遭叔父義光暗殺身亡，第五代為義又經常出現擾亂社會秩序的作為而失去在朝廷榮升的機會，一族開始迎向不遇的時代。為義的兒子義朝在平治之亂戰敗，縱使生了個創建鎌倉幕府的賴朝，無奈也只傳承三代便遭暗殺絕後，清和源氏嫡系就此滅亡。

義家把賴信舊居的河內國石川郡石川莊（大阪府羽曳野市）給了六男義時，義時獨立後以**石川**氏自稱，江戶時代伊勢龜山藩主的石川家便是出於此。

河內源氏的分家還有**稻澤**氏與**野長瀨**氏等。

常陸源氏

河內源氏的子孫枝葉扶疏，其中為人熟知的有常陸源氏與甲斐源氏。

源賴義的三男義光（新羅三郎）是個出名的武術達人，在後三年之役援助兄長義家，戰後任常陸介，受領常陸國久慈郡佐竹鄉（茨城縣常陸太田市），其子義業赴當地定居成為**佐竹**氏始祖。一族在常陸北部擴張勢力，被稱為常陸源氏。

常陸源氏嫡系的佐竹氏經歷戰國大名，在江戶時代成為秋田藩主。一族發展出**稻木**氏、**岡田**氏、**額田**氏、**真崎**氏、**稻本**氏、**小川**氏、**高部**氏、**長倉**氏、**大內**氏、**中條**氏、**小瀨**氏、**山入**氏、**小場**氏、**石塚**氏、**大山**氏、**藤井**氏、**栗崎**氏、**戶村**氏、**上村**氏、**天神林**氏、**岡內**氏、**宇留野**氏、**久米**氏和**今宮**氏等支流，多為佐竹氏家臣，在江戶時代隨藩主遷到秋田。

義業的次男山本義定住近江國，又稱近江源氏，有**柏木**氏、**箕浦**氏和**錦織**氏等支流。

甲斐源氏

義光之子義清，住常陸國吉田郡武田鄉（茨城縣日立那珂市），自稱武田冠者。之後義清與清光父子兩人被流放到甲斐國巨摩郡市河莊（山梨縣西八代郡市川三鄉町）而就地扎根。清光以谷戶城（山梨縣北杜市大泉町）為據點，是為甲斐**武田**氏。

清光的二男信義繼承了甲斐武田氏嫡系，移居甲斐國巨摩郡甘利莊，於源平之戰因追隨源賴朝建功而受封駿河守護，但在元曆元年（一一八四年）即遭解任，長男忠賴與叔父義定也在同年遭擔心武田氏日益茁壯的源賴朝殺害。

信義之後由別名石和五郎的信光繼承領地，兼安藝國守護，以甲斐名家持續到戰國時代，並發展出眾多支流。包括**安田**氏、**逸見**氏、**加賀美**氏、**平井**氏、**河內**氏、**曾根**氏、**奈胡**氏、**淺利**氏、**八代**氏、**田井**氏、**一條**氏、**板垣**氏、**甘利**氏、**秋山**氏、**小笠原**氏、**南部**氏、**於曾**氏、

黑坂氏、**岩崎**氏、**早川**氏、**馬淵**氏、**圓井**氏、**大井**氏、**駒井**氏、**下條**氏、**青木**氏、**山高**氏、**穴山**氏、**布施**氏、**栗原**氏、**市部**氏、**江草**氏、**今井**氏、**巨勢**氏、**倉科**氏、**山宮**氏、**小佐手**氏、**油川**氏、**岩手**氏、**松尾**氏與**勝沼**氏等。江戶時代成為幕府側用人的**柳澤**吉保便是出於此，又板垣氏在明治時代出了一位民權運動家板垣退助。

南部氏遷往陸奧，成為大名，繁衍出**一戶**氏、**四戶**氏、**九戶**氏、**波木井**氏、**新田**氏和**中館**氏等支流。而津輕藩主的**津輕**氏可能也是出於南部氏。

小笠原氏則廣布各地（參見 P.35），戰國時代出了三好長慶等人的**三好**氏即小笠原氏的庶流。

信濃源氏

源經基的子孫裡，滿快、賴清和賴季三人都住在信濃國，被稱為信濃源氏。

滿快的子孫分成**伊那**氏、**知久**氏、**片桐**氏、**飯島**氏、**大島**氏、**二柳**氏、**夏目**氏、**手塚**氏、**飯沼**氏、**依田**氏與**蘆田**氏等各家。江戶時代的大和小泉藩主片桐氏、明治文豪夏目漱石等人均是其後裔。手塚一姓取自上田市地名，以木曾義仲家臣裡俗稱太郎的手塚光盛聞名，據傳漫畫家手塚治蟲是光盛的後裔。

賴清的子孫**村上**氏在戰國時代與越後的上杉氏多次爭戰。傳說瀨戶內海的村上水軍是該族後裔。村上水軍後來分成**因島**氏、**能島**氏與**來島**氏三家，前兩者在江戶時代成了長州藩重臣，來島氏後來改名「**久留島**」，在江戶時代上陸變身成豐後森藩藩主。

賴季的子孫為井上氏，嫡系在後來變成村上氏家臣，庶流有播磨井上氏和安藝井上氏。播磨井上氏因創立外記流砲術晉升旗本，安藝井上氏則成為長州藩重臣，出了一位明治時代政治家井上馨。

大和源氏

滿仲的二男賴親成為大和國國司之後，與興福寺等南都勢力抗爭的同時也不忘擴張自我勢力，被稱作大和源氏。嫡系是以大和國宇智郡宇野（奈良縣五條市宇野町）為根據地的**宇野**氏，後裔有肥後國國眾的**隈部**氏以及江戶時代伊勢菰野藩主的**土方**氏等。此外，幕末出於伊豆名門**江川**氏、導入西洋軍砲戰術的江川英龍也是宇野氏之後。

尾張源氏

經基的二男滿政之子孫世居尾張國，有尾張源氏之稱。嫡系是住尾張國春日井郡浦野一帶（現愛知縣名古屋市北部）的**浦野**氏，從中分出**山田**氏、**葦敷**氏、**高田**氏和**小河**氏等家，也有像**足助**氏這樣遠到三河國的。

上野源氏

河內源氏義家的兒子義國領有上野國八幡莊，其長男義重以此為根據地開發新田郡，為**新田**氏始祖，也是上野源氏嫡系，並發展出**山名**氏、**里見**氏、**世良田**氏、**得川**氏、**江田**氏、**新井**氏、**大館**氏、**堀口**氏、**細谷**氏、**脇屋**氏與**橫瀨**氏等支流。

鎌倉時代武將畠山義純，娶新田義兼的女兒為妻，在新田氏嫡系滅亡後，義純的後代**岩松**氏以新田氏本家的身分，被德川家康授與俸祿僅一二〇石但地位甚高的交代寄合（屬旗本身分），明治維新後又以南朝的忠臣後世受封男爵。

此外，安房戰國大名的里見氏，據傳是新田氏庶流里見氏的後裔。**德川**將軍家則以得川氏後裔自稱。

下野源氏、三河源氏

上野源氏義重的弟弟義康，從父親那裡分到下野國足利郡足利莊（栃木縣足利市）的領地，是為下野源氏，後以**足利**氏自稱。鎌倉時代，足利氏與執權的**北條**氏通婚，於室町時代開創幕府成為將軍家。傳到第十五代義昭時嫡系滅絕，但庶流的古河公方家後裔**喜連川**氏，在江戶時代卻以五千石俸祿受到十萬石大名的待遇。

足利氏的支流有**畠山**氏、**桃井**氏、**仁木**氏、**細川**氏、**吉良**氏、**今川**氏、**斯波**氏、**澀川**氏、**石塔**氏和**一色**氏等。各家的姓氏發源地就在足利氏管領的三河國內。【忠臣藏】裡登場的吉良上野介便是前述吉良氏的後裔。

從今川氏又分出**關口**氏、**入野**氏、**木田**氏、**蒲原**氏、**瀨名**氏和**堀越**氏等家，嫡系在江戶時代以**品川**氏自稱，是負責儀式與典禮的高家旗本。

出於斯波氏的有奧羽名家之**最上**氏和**大崎**氏。最上氏的庶流有**天童**氏、**黑川**氏、**高擶**氏、**蟹澤**氏、**成澤**氏、**中野**氏、**大窪**氏、**楯岡**氏、**東根**氏、**鷹巢**氏和**上山**氏等。大崎氏的庶流有，**高泉**氏、**名生**氏、**內崎**氏、**百百**氏、**涌谷**氏等。江戶時代，斯波氏的嫡系成了**津川**氏，而出於最上氏的**山野邊**氏則成了水戶藩的家老。

嵯峨源氏

其實最早誕生的源氏不是清和源氏，而是嵯峨源氏。平安時代初期弘仁五年（八一四年）之後，第五十二代嵯峨天皇陸續把三十二位皇子、皇女降為臣籍，賜與「源」姓，是為源氏開宗。

嵯峨源氏一族多為單名（名字僅一個字）。其中官拜左大臣、有「河原左大臣」之稱的源融，被認為是《源氏物語》主角光源氏的原型。源融的孫子仕成為武藏國國司。又，仕的兒子宛（別名充）因定居足立郡箕田（埼玉縣鴻巢市箕田）自稱箕田源次，與桓武平氏的村岡良文並列關東有力武士，在《今昔物語集》第二十五卷的〈源充平良文合戰語〉裡收錄了兩人以武力較勁的模樣。

宛的兒子綱，成為仁明源氏源敦的養子，爾後住在養母的故鄉攝津國西成郡渡邊（現大阪市），成為**渡邊**氏始祖。有治鬼傳說的渡邊綱，可謂一代巨星，其子孫結成渡邊黨，以嵯峨源氏嫡系的身分活躍於各地，而有了箕田是嵯峨源氏與渡邊一族發源地的另一說法。

仕、宛、綱三代居所的箕田，位在埼玉縣北鴻巢站附近，當地的冰川八幡神社裡保存了建於江戶時代的「箕田碑」。誠如第一章介紹的，渡邊一族因擅長駕船技術得以在各地繁衍子嗣，其子孫也以身為英雄渡邊綱的後裔為榮，不論落腳何處仍不改「渡邊」一姓。又，渡邊這個地名也寫成渡部的關係，「渡部」跟「渡邊」屬同源。

渡邊一族有的來到肥前國松浦郡，結成名叫松浦黨的武士團，活躍在九州西北部玄海灘到最西部之五島列島一帶的海上。松浦黨大致分成以宇野御廚為中心的下松浦黨、以松浦莊為中心的上松浦黨，以及分散在五島列島的宇久黨三者。成員各以地名做為姓氏稱呼，與之通婚的他族在地武士也會為了跟源氏後裔沾上邊、強調自己與將軍家的關係而加入松浦黨。

黨員氏族在後來分裂，形成割據、相互抗爭的情況。其中與朝鮮、中國貿易而累積大量財富的上松浦黨**峯**氏後裔、平戶松浦氏逐漸嶄露頭角。平戶松浦氏築勝尾岳城（長崎縣平戶市）為居所，到隆信當家的時候改信基督教，推廣與葡萄牙的貿易。差不多是從這個時候起，一族也用兩個字的名字來稱呼。其子孫在江戶時代當上平戶藩主。

松浦黨枝葉繁多，主要有**波多**氏、**石志**氏、**神田**氏、**佐志**氏、**有田**氏、**山代**氏、**八並**氏、**値賀**氏、**鶴田**氏、**鴨打**氏、**伊萬里**氏、**有浦**氏和**相浦**氏等。

宇多源氏

一族繁盛的程度次於清和源氏的，應屬第五十九代宇多天皇的子嗣宇多源氏。宇多天皇以重用菅原道真、親理政務聞名，其五位皇子裡除了醒醐天皇，其他四人受賜源姓、降為臣籍，成為宇多源氏始祖。

宇多天皇之孫源雅信的子孫在公家與武家都很有發展。雅信長男時中的後代出仕公家，共分成**大原**氏、**五辻**氏、**綾小路**氏、**慈光寺**氏和**庭田**氏五家；二男扶義的子孫住近江國佐佐木（滋賀縣），成為武家**佐佐木**氏。

佐佐木氏實則有兩大源頭。近江國蒲生郡佐佐木地方，自古有以沙沙貴神社為守護神的古代豪族**狹狹貴山**氏居住在此，爾後宇多源氏出身的源經賴移居當地，以佐佐木氏自稱。雙方雖然因通婚而同化，但豪族後裔的佐佐木氏在當時仍握有較大的勢力，即使在平氏全盛時期也掌握近江地方實權。屬宇多源氏的佐佐木秀義為振興一族，把兒子定綱、經高、盛綱、高綱和義清送到被流放伊豆的源賴朝身邊，其中四郎高綱在宇治川一戰中打先鋒而出名。

鎌倉幕府成立後，宇多源氏的佐佐木氏在各地受封領地，兄弟五人共被派任十二國守護，成為幕府內有力一族。另一方面，古代豪族佐佐木氏的勢力漸衰，總領地位被宇多源氏奪去，退為沙沙貴神社的神官。兩家於是在族譜上統合，以宇多源氏為嫡系，古代豪族為庶流。

佐佐木氏嫡系在京都六角有屋舍，以**六角**氏自稱，世襲南近江守護一職到戰國時代，並出了**京極**氏、**朽木**氏、**尼子**氏、**隱岐**氏和**鹽冶**氏等多位中世大名。

其他還有**加地**氏、**鏡**氏、**澤田**氏、**馬淵**氏、**佐保**氏、**伊佐**氏、**山中**氏、**萬木**氏、**葛岡**氏、**高島**氏、**田中**氏、**磯部**氏、**野木**氏和**富田**氏等支流。

村上源氏

始於第六十二代村上天皇皇子具平親王的村上源氏主為公家，嫡系的**久我**氏之外，還有**梅溪**氏、**久世**氏、**東久世**氏、**岩倉**氏、**千種**氏、**植松**氏、**六條**氏、**中院**氏和**愛宕**氏等庶流，合計共十家。幕末維新十傑之一的岩倉具視便是出於其後。

在武家方面，著名的有南北朝時代的伊勢**北畠**氏，其分家有**浪岡**氏、**木造**氏、**大河內**氏、**星合**氏與**田丸**氏等。活躍於同一時代的**名和**氏與**赤松**氏相傳也是村上源氏出身，但沒有明確的族譜記載。

醍醐源氏

醍醐源氏是第六十代醍醐天皇的子孫，由於缺乏登上歷史舞台的光鮮人物，一般不為人知，唯竹笛高手源博雅因夢枕獏的著作《陰陽師》以及電影翻拍而一躍成名。在武家方面，據傳**河尻**氏是醍醐源氏後裔。

源氏後代較出名的還有出於花山源氏、屬公家的**白川**氏，以及同是公家但出自正親町源氏的**廣幡**氏，其他的就沒入歷史洪流中了。

平氏與平家

平氏誕生於天長二年（八二五年），稍微晚於源氏。

源氏有近二十個支流，同樣地平氏也有桓武平氏、仁明平氏、文德平氏和光孝平氏等區別。但事實上除了桓武平氏，其他都沒沒無聞，因此平氏指的幾乎可說是桓武平氏。

桓武平氏大致分成兩者——桓武天皇→葛原親王→高棟王的子孫所屬的高棟流，以及高棟王之侄——高望王子孫所屬的高望流。

高棟王在天長二年從伯父淳和天皇那裡獲賜平姓，降為臣下。其子孫是為桓武平氏高棟流，主為公家，共出了**西洞院**氏、**平松**氏、**石井**氏、**長谷**氏和**交野**氏五家。放言「非平氏者非人也」的平時忠（平清盛之妻時子的弟弟）也是高棟王後裔，在源平之戰結束後被流放能登，後世成了能登名家**時國**氏。

高棟王受賜平姓的六十四年後，侄子高望王也在寬平元年（八八九年）受賜平姓降為臣下，桓武平氏高望流就此誕生。平高望被指派上總介，離京赴上總定居，子孫成了武家。

平高望的兒子各掌地方職權，國香任常陸大掾、良兼為下總介、良將為鎮守府將軍、良茂為常陸少掾，一族在關東地方構成龐大勢力，人稱坂東平氏。

天慶二年（九三九年），一族因領地爭紛，平將門起而在關東舉兵謀反（平將門之亂），被國香之子貞盛所鎮壓，此後貞盛的子孫被視為是與清和源氏並立的武家棟梁。

貞盛的兒子維衡，把根據地設在伊勢國（三重縣）而有伊勢平氏之稱，是為桓武平氏的嫡系。在朝廷當官的伊勢平氏稱「平家」，即《平家物語》的主角，因此《平家物語》這本書寫的不是平氏整體的故事，而是焦聚在伊勢平氏。

維衡的曾孫平正盛以身為保護上皇的北面武士回歸政界核心。一開始不過是個公家隨身侍衛的下級官僚，孫子清盛在保元之亂與平治之亂中擊敗對手清和源氏後躍升武家棟梁，進而以武力和經濟打下武家政權基礎，入公卿殿堂、直升太政大臣，成為日本史上第一個位極人臣的武士。

然而平清盛死後，平氏政權快速崩解，不到二十年的時間就被源義經等人擊潰，平家嫡流就此滅亡。

但是在西日本各地都有平家貴族子弟隱身民間的「落荒武者傳說」，許多人自稱是那些武者的後裔，其中最有名的應是阿波國（德島縣）的**阿佐**氏。傳說屋島之戰失利後，平教經改名國盛，擁安德天皇從讚岐逃到阿波的祖谷山，天皇駕崩後住阿佐名，以阿佐氏之稱成為地方武士。阿佐氏在戰國時代於祖谷地方握有強大勢力，阿佐紀伊守駐金丸城（三好郡東三好町），仕於**三好**氏。到了江戶時代成為德島藩士，現在三好市東祖谷山阿佐仍保留了阿佐氏的房舍。

坂東平氏

源平之戰裡支援源氏的武將多是坂東平氏的子孫。坂東平氏在平將門之亂後，嫡系的地位為伊勢平氏所奪，因而企圖藉由響應源賴朝起兵，奪回政權。源平之戰在源氏與平氏對峙的背後，還隱含了伊勢平氏與坂東平氏的同族霸權之爭。戰勝的源氏，僅維持三代政權便迎來**北條**氏執權時代，而北條氏又出於坂東平氏，因此源平之戰的最終勝利者可說是坂東平氏。

坂東平氏一族枝葉扶疏，主要有**相馬**氏、**千葉**氏、**三浦**氏、**大掾**氏、**梶原**氏、**秩父**氏、**畠山**氏、**澀谷**氏、**土肥**氏、**大庭**氏和**岩城**氏等。其中最發達的要屬千葉氏、三浦氏和大掾氏三家。

千葉氏——千葉氏的根據地在上總國。平良文的孫子忠常任上總介（另有記載為下總權介）時開發私人領地，於元永年間（一一一八至一一二〇）把它獻給鳥羽天皇，是為千葉莊（千葉縣千葉市），平忠常以千葉氏自稱，成為一族開宗。

常胤在保元之亂時仕於源義朝，在治承四年（一一八〇）源賴朝舉兵之同年九月，於下總國府和源賴朝的軍隊會合，參與源平之戰。文治五年（一一八九年）又隨軍征討奧州而受任陸奧國磐城郡好島莊的預所職等，獲賞奧州各地的領土外還兼任美濃國蜂屋莊、肥前國小城郡晴氣保，以及薩摩國島津莊寄郡等地的地頭，更受封下總國守護。常胤之後，千葉氏世襲下總國守護一職。

常胤的六個兒子裡，由長男胤正繼承千葉氏，其他各自分家成為相馬氏（二男師常）、**武石**氏（三男胤盛）、**大須賀**氏（四男胤信）、**國分**氏（五男胤通）、**東**氏（六男胤賴）的始祖。一族合起來稱千葉六黨，在鎌倉幕內握有極大的權力。

千葉氏眾多支流裡，除了前述六黨，還有**原**氏、**鏑木**氏、**木內**氏、**椎名**氏、**臼井**氏、**圓城寺**氏、**匝瑳**氏、**石出**氏、**海上**氏、**岡田**氏和**風早**氏等。

三浦氏——三浦氏發源於相模國三浦郡三浦莊（神奈川縣橫須賀市）。平良文的曾孫為通因參與前九年之役受封三浦郡，駐衣笠城，始稱三浦氏。

雖說高通也是平高望的子孫，但是關於從高望到高通的族譜記載眾說紛云。唯一能確認的是，三浦氏始祖為通的兒子為繼（另有一說是平公義的兒子）仕於源義家，在後三年之役建功，此後代代從屬清和源氏，嫡系以「三浦大介」為號，任國衙政務之地方官僚（在廳官人）。

義明的長男和二男義澄，在平治之亂時跟從源義朝，最後敗北歸鄉。治承四年（一一八〇年）源賴朝在伊豆舉兵，義明與義澄父子兩人起而響應，結果老父戰死衣笠城，義澄則跟著賴朝逃到安房，在鎌倉幕府成立後受封相模國守護，以宿老（高官）身分活躍於幕府。之後一族迎向全盛期，除了被派任河內、紀伊、讚岐與土佐國守護，義澄的長子義村和孫子泰村與光村還當上評定眾，侄子和田義盛則任侍所別當等。然而，寶治元年（一一四七年）在北條時賴策謀下引發寶治之戰，一族幾乎全滅。

三浦一族廣布三浦半島一帶，以地名為姓，發展出**津久井**氏、**蘆名**氏、**岡崎**氏、**真田**氏、**土屋**氏、**和田**氏、**朝比奈**氏、**佐原**氏、**橫須賀**氏和**正木**氏等支流。蘆名氏後來移居會津成為戰國大名。又，這裡的真田氏跟信濃的真田一族不同宗。

大椽氏——大椽氏以常陸國為根據地，始於平良望（平高望之子國香）以常陸大掾的頭銜前往筑波郡多氣赴任，就地而居。一族以在廳官人身分掌握常陸國府實權，世襲常陸大掾一職而有大椽氏之稱。族人擴及常陸南部到下總北部一帶，多取當地名稱為姓，少有沿用「大掾」者。

到鎌倉時代初期，大椽氏的嫡系還是**多氣**氏，在義幹、弘幹兩兄弟和同是常陸國武士的八田知家對立下喪失領地，庶流的馬場資幹起而取代多氣氏成為嫡系，一直延續到戰國時代，最後亡於豐臣秀吉的小田原戰役下。

大椽氏一族還發展出**石毛**氏、**小栗**氏、**行方**氏、**鹿島**氏、**馬場**氏、**稅所**氏、**栗崎**氏和**島崎**氏等支流。

橘氏

「源平藤橘」一詞代表了日本四大名門的「姓」，又稱「四姓」。跟前面介紹過的源氏、平氏、藤原氏比起來，**橘**氏的後裔明顯少很多。

橘氏是敏達天皇的子孫。美努王之妻縣犬養三千代，從元明天皇那裡受賜橘宿禰一「姓」，其子葛城王與佐為王兩兄弟在天平八年（七三六年）被降為臣籍時繼承了母姓，各以「橘諸兄」和「橘佐為」稱呼，是為橘氏始祖。

弟弟在隔年隨即過世，哥哥諸兄則官拜左大臣，在朝廷發揮極大的影響力。天平寶字元年（七五七年）諸兄的兒子奈良麻呂密謀剷除藤原仲麻呂（橘奈良麻呂之亂）失策，導致一族勢力衰滅。

幸而奈良麻呂之孫嘉智子成為嵯峨天皇的皇后（檀林皇后），生下仁明天皇，橘氏得以再度迎向全盛期。但是承和九年（八四二年），逸勢因企圖謀反遭流放伊豆（承和之變），嘉智子於嘉祥三年（八五〇年）過世後，橘氏在朝廷的地位急轉直下。

之後一族的發展以島田麻呂的後裔為中心，島田麻呂的曾孫廣相在宇多天皇底下擔任參議，玄孫好古也官拜大納言。然永觀元年（九八三年）參議恒平死後就再也沒人登公卿殿堂，唯一以公家身分延續下來的**薄**氏也在戰國時代絕後，橘氏就此從朝廷舞台消失。

武家的楠木正成自稱橘姓，但是在正成以前的族譜不詳，無法辨其真偽。

菅原氏和大江氏

源平藤橘四家之外還有幾個有力氏族，其中掌握較大權力的有同屬古代豪族**土師**氏後裔的**菅原**氏與**大江**氏。

土師氏是負責製作陶俑（埴輪）與陶器等古墳副葬品，以及管理葬禮和陵墓的氏族。適合拿來做陶俑的黏土稱「hani」，製陶俑的工人稱「hanishi」，因此住在黏土產地附近的氏族叫土師（Haji）。土師一族在古墳時代握有勢力，隨古墳衰退，勢力也大不如前，為振興族威而在奈良時代末期懇請天皇賜與新「姓」（參見P.13）。

菅原氏，是以大和國添下郡菅原（奈良市菅原町）為根據地的土師氏一族，始於天應元年（七八一年）土師古人受賜菅原宿禰一姓。弘仁十年（八一九年）清公成為文章博士後，代代學者輩出，尤以受到宇多天皇重用的菅原道真最出名。寬平三年（八九一年）道真升等藏人頭（天皇首席祕書），寬平六年進言廢止遣唐使，後轉任右大臣，延喜元年（九〇一年）再升等從二位，但隨即遭到藤原時平讒言，被貶到九州太宰府擔任權帥，抑鬱而終。

菅原氏子孫代代出仕朝廷，以教授歷史和漢文學的紀傳道為家業，後世有**高辻**家和**唐橋**家。在武家方面，加賀藩主的**前田**氏也是菅原氏後裔。

大江氏，是以山城國乙訓郡大枝鄉（京都市右京區）為根據地之桓武天皇的外祖母所屬的土師氏。延曆九年（七九〇年）先是受賜大枝朝臣一姓，到了貞觀八年（八六六年）音人訴請把「枝」改為「江」，獲准改為大江氏。順道一提，《大江氏系圖》裡記載音人是平城天皇皇子阿保親王的孫子，但年齡不符。

音人在清和天皇底下任參議，長於治學，曾參與編撰《貞觀格式》等，後世代代與菅原氏同在朝廷任文章道（註：紀傳道的通稱）。十世紀末，菅原道真遭貶，大江氏的地位隨之升高，在一條天皇時代裡出了中古三十六歌仙之一的大江匡衡，以及擅長漢詩的大江以言等人。後因**日野**氏興起而沒落，後裔是**北小路**氏。

在那之後大江氏反以武家躍起。大江維光之子廣元在元曆元年（一一八四年）應源賴朝之邀來到鎌倉，於幕府草創期協助設立基本制度，在建久二年（一一九一）任政所別當。後代子孫以**毛利**氏為首，出了**長井**氏、**那波**氏、**海東**氏、**田總**氏、**柴橋**氏、**寒河江**氏等武家氏族。

毛利氏一族分散在越後與安藝，越後毛利氏的庶流有**北條**氏和**安田**氏，安藝毛利氏則發展出**有富**氏、**麻原**氏、**中馬**氏、**福原**氏、**坂**氏、**桂**氏、**志道**氏、**口羽**氏等支流。

清原氏

清原氏是天武天皇的子孫，始於延曆二十三年（八〇四年）年夏野受賜清原真人一「姓」，爾後一族多被賜姓清原。平安時代，清原氏雖然在政界沒落，卻出了深養父和元輔等歌人，而元輔的女兒正是《枕草子》的作者清少納言。嫡系為公家的**舟橋**氏，庶流有**伏原**氏。

武家方面，名聲響亮的有筑後的**五條**氏，始於延元三年（一三三八年）賴元輔佐懷良親王前往九州據守當地。賴元的子孫世代效忠南朝，定居筑後矢部的山中，傳到江戶時代成為柳河藩（柳川藩）藩士，明治維新後以南朝後裔身分受封男爵。

下野國有個名為清黨的武士團，由**芳賀**氏主導。芳賀氏的始祖是被流放下野國、在真岡落腳的清原高重，其子孫率領清黨世代城居真岡城（栃木縣真岡市），侍從**宇都宮**氏。

豐後國裡也有個被稱作豐後清原氏的武士團，屬清原氏後代。圓融天皇時代以吹奏橫笛聞名的清原正高，被流放豐後國玖珠郡，取山田鄉地頭之矢野檢校久兼的女兒為妻，兩人生下的孩子即豐後清原氏始祖（正高後來被赦罪回京渡過晚年），一族在豐後各地發展出**帆足**氏、**長野**氏、**小田**氏、**魚返**氏和**古後**氏等多個支流。

越智氏

以地方豪族來說，伊予的**越智**氏子孫繁衍昌盛。越智氏是饒速日命的子孫裡後來成為越智國造（註：國造是治理地方的官職名稱）之小致命的後裔。大化革新後，小致命受任伊予國越智郡司，定居當地成為地方豪族，子孫廣布中予地方。天曆二年（九四八年）越智用忠因平定海賊有功被敘以位階。一族發展出**浮穴**氏、**石田**氏、**高市**氏、**新居**氏、**島山**氏、**井出**氏、**周布**氏、**寺町**氏、**北條**氏、**弘田**氏、**兒島**氏、**河野**氏與**高井**氏等。

其中展露頭角的是河野氏。天慶四年（九四一年），河野好方協村上水軍鎮壓藤原純友之亂，此後擁水軍在中予地方拓展勢力。治承四年（一一八〇年）源賴朝起兵，河野通清和通信父子倆立即在伊予響應，通信加入源義經軍隊，在屋島之戰等建功，又遠征奧州，後成為鎌倉幕府御家人。

此後河野氏以瀨戶內海水軍掌地方勢力，世襲伊予守護職位直到室町時代。日本全國的河野氏據傳多出於該氏族，包括豐後臼杵藩主的**稻葉**氏和播磨小野藩主的**一柳**氏。

神官一族

論及特定區域裡自古掌握高度權力的氏族，大神社神官也要算在內。日本古代政治與宗教不分離，神官以侍奉神明的氏族掌握大權。分散各地的大神社裡各有多位神官執事，他們多半是同族，也多取周邊地名做為姓氏稱呼。不用說也知道，伊勢神宮正是大神社的代表。

伊勢神宮分成內宮和外宮，各有負責的神官。

任內宮（皇大神宮）神官的**荒木田**氏，據傳是大鹿島命之孫，天見通命和倭姬命為尋找聖地在巡視各地後，將原本供奉供奉於皇居內的主神「天照大御神」移到五十鈴川上的伊勢神宮。此後天見通命的子孫代代任禰宜（註：神職職稱）。景行天皇時因住在伊勢國度會郡大貫（三重縣度會郡度會町大野木）受賜大貫連一姓，到了成務天皇時代，又受賜最上荒木田神主的姓。一族傳到奈良時代分成兩門，一門移住度會郡小社曽禰，二門遷至田邊開墾當地。荒木田氏的一門出了**薗田**氏、**井面**氏和**澤田**氏，二門出了**世木**氏、**納米**氏、**藤波**氏、**中川**氏和**佐八**氏等，嫡系的澤田氏在明治時代受封男爵後回歸「荒木田」本姓。

外宮（豐受大神宮）任神官的是**度會**氏，相傳是天日別命的子孫，始於垂仁天皇時大若子被派任伊勢國造兼大神主。度會氏古稱**磯部**氏，被認為是從供神之初就已世居當地的有力氏族。乙乃古命有四個兒子，爾波、飛鳥、水通和小事，各以一到四門稱之，但一跟三門滅絕，四門也不怎麼繁盛的情況下，代代由二門接掌禰宜家，於長保三年（一〇〇一年）受賜度會神主一姓。

隨平安末期祭主大宮司權力衰退，禰宜家勢力日益強大，連權禰宜一職也被度會氏獨占。度會氏所倡導的伊勢神道學在鎌倉時代確立，於江戶時代出了來自四門的度會延家（出口延家）等眾多學者。

一族分成三十家以上，其中掌禰宜的神宮家（重代家）為**檜垣**、**松木**、**久志本**、**佐久目**、**河崎**與**宮後**等六家，嫡系的松木家同樣在明治時代受封男爵，並出了像久志本氏這樣的旗本家。

跟伊勢神宮地位相當的是出雲大社。相傳出雲大社的神官**出雲**氏是天穗日命的子孫，同時也是出雲國意宇郡（島根縣）的豪族，以出雲臣的稱號世襲國造一職兼出雲大社神職。一族在南北朝時代分成**千家**氏與**北島**氏兩家，各執神職。另有**高濱**氏、**井田**氏和**稻岡**氏等分家。

其他神官氏族還有鹿島神宮的**鹿島**氏、香取神宮的**香取**氏、諏訪大社的**諏訪**氏、熱田神宮的**千秋**氏、上賀茂神社的**賀茂**氏、下鴨神社的**梨木**氏與**泉亭**氏、伏見稻荷的**大西**氏與**松本**氏、石清水八幡宮的**田中**氏、日吉神社的**樹下**氏與**生源寺**氏、住吉大社的**津守**氏、春日大社的**辰市**氏、日前神宮和國懸神宮的**紀國造**氏、日御碕神社的**小野**氏、宗像大社的**宗像**氏、阿蘇神社的**阿蘇**氏、宇佐神宮的**到津**、**宮成**氏等。有的在中世變成武士，後發展成戰國大名者，但大部分在江戶時代之後回歸神職，僅諏訪氏成了高島藩主。

渡來人的後裔

渡來人在日本古代扮演了重要角色。他們多半是政治亡命之徒，在四世紀後半到五世紀之間從中國大陸渡洋而來。當時日本的文明發展不及大陸，其所帶來的新技術成為珍貴資源，渡來人便藉此在日本朝廷謀職，最終形成一大勢力。在日本古代社會裡，出身似乎不成問題，和人也好、大陸移民也好，都有出人頭地的機會。

渡來人之中勢力最強大的要屬**東漢**氏。相傳是中國後漢靈帝的子孫，阿知使主在日本應神天皇時代率一族而來，在大和國檜前村落腳。

東漢氏有許多支流，平安時代初期的征夷大將軍坂上田村麻呂也是出於其後。出仕朝廷國庫大藏的一族叫**大藏**氏，後成為大宰府官僚，就此定居北九州。其子孫裡源自筑前國原田（福岡縣系島市）的稱**原田**氏，源自筑前國秋月（朝倉市）的叫**秋月**氏，後者在江戶時代遷往日向國（宮崎縣）成為高鍋藩主，世代以出好學的藩主聞名。米澤藩中興之祖上杉鷹山也是從秋月家被送去當養子的。東漢氏的後裔還有**田尻**氏和**高橋**氏等。

從子孫繁盛的角度來看，**秦**氏要屬第一。秦這個姓來自當年在中國統一天下的秦國。相傳應神天皇時代裡從新羅率一百二十縣的人民渡海到日本的弓月君，是秦始皇的後裔。暫且不論其真實性為何，五世紀左右渡海而來的秦氏，以養蠶和紡織等當時最先進的技術為大和朝廷效命，備受重用。

秦氏的子孫主要成為地方豪族或神官，定居在淀川的上游地區，當地因而被稱為「太秦」，即現在京都電影村的同名所在地。太秦的廣隆寺是秦河勝所建，供奉在此的第一號國寶彌勒佛像充滿著新羅雕刻的特徵。秦氏以守護神的松尾大社為首，分別掌握幾個神社的神官職位。其後世居所遍及全國，多留下帶有「秦」字的地名。

秦氏子孫裡最有名的是土佐戰國大名的**長宗我部**氏。而號稱清和源氏後代的薩摩**島津**氏、自稱平氏後裔的對馬**宗**氏，也被認為其實是秦姓惟宗氏出身。又，丹波的**川勝**氏相傳也是秦氏後裔。

有別於四到五世紀來自中國的渡來人，從亡國的百濟和高句麗來的朝鮮半島人民，在七世紀亡命到日本。

從高句麗來的被稱為**高麗（狛）**氏，武藏國的高麗郡（埼玉縣）曾是高麗氏的居所，建有高麗神社。有一點要注意的是，姓「高麗」的日本人不一定全是渡來人的子孫，有的是因為遷居到高麗氏居住的場所，而以當地名稱「高麗」為姓（參見P.44）。

至於從百濟來的朝鮮人，過去的居所位在現大阪市生野區一帶，在過去叫百濟野，留有百濟寺遺跡。室町時代大名的**大內**氏，拿族譜稱自己是百濟渡來人的子孫，但大內氏始祖琳聖太子（百濟聖明王之子）這號人物只存在大內氏族譜，不見於其他文獻，讓人質疑其真實存在性。大內氏的庶流有**右田**氏、**吉敷**氏、**問田**氏、**鷲頭**氏、**益成**氏、**仁戶田**氏、**黑川**氏、**江木**氏、**陶**氏、**末武**氏、**矢田**氏和**柿並**氏等。戰國時代迫使大內氏滅亡的陶晴賢是出於同宗的陶氏後裔。

國眾與姓氏

近年「國眾」一詞也開始盛行起來，指的不是什麼新概念，只是因為過去多以「國人」稱呼，直到二〇一六年NHK大河劇【真田丸】用了該詞而一下子擴散開來。基本上指的是中世時的在地領主。

國眾不同於中央派任地方的「國司」，後者基本上任期滿了就打包回京。也不同於名義上統治一國或半國，但實際上跟國內個別村莊都沒有關係的大名，而且大名有時會因官場失利而喪失領國，也不完全接得上地氣。

進入戰國時代後，有力的大名相繼把周邊零散的小大名納入旗下變為家臣，進而切斷許多小大名跟支配地之間的關聯性。但世居當地的武士，不論支配者如何更迭，仍多以國眾身分掌地方實權。對大名來說，每次獲得新的領地就派遣新支配者赴任的話，需要花時間安定情勢，還不如讓國眾持續治理，也有助於領國經營的安定。

國眾一族經長年累月在當地經營扎根，就算遇到支配者更迭之際當家的被殺或是不得不逃往他國的情況，其他族人仍會留在原地，最後成為小圈子裡的新領導。

到了江戶時代，武士與農民之間開始出現階級區分，就算是農民之間也分成幾個階級，國眾的後裔常以地方名家擔任莊屋或名主等村長角色。

說來，關原之戰後，幾乎所有大名的領地全被移動，中世以來未曾更動領地的僅薩摩的**島津**氏、對馬的宗氏、五島列島的**五島**氏及肥後人吉的**相良**氏等少數幾位。江戶初期戰國風氣仍未褪盡，農民起義仍時有所聞，不易收服鎮壓。毫無地緣關係的大名從其他地方轉任新領國時，必得花時間安撫人心，多數大名於是直接起用對地方情勢瞭若指掌的人治理當地，再由藩國支配那些實際掌管地方者，因而形成了雙重統治的體制。

這時被選中直接管理地方的對象，便是到戰國時代為止世居當地進而成為國眾的武士。多數國眾的嫡系因成為鄰近大名的家臣，隨大名轉封他國而跟著遷移，但也有不想搬離老巢而在江戶時代初期回歸農業者。無嫡傳子嗣者，也有指派一族其他成員支配領地的。因此，國眾一族在江戶時代之後仍廷續著當地支配者的身分。

江戶時代，許多莊屋（村長）階級的農民被允許配刀，也能在正式場合以姓氏稱呼。他們的姓氏多和過去國眾的姓氏相同，就算沒有詳細的族譜記載，也不難想像是國眾一族的後裔，而且他們的姓氏也常被視為地方上獨特的稱呼。

主要國眾一覽

國	縣	氏
陸奥國	青森縣	大浦氏・浪岡氏
	岩手縣	阿蘇沼氏・一戸氏・及川氏・久慈氏・千葉氏・稗貫氏・和賀氏
	宮城縣	秋保氏・熊谷氏・黒川氏・國分氏・長江氏・松坂氏・留守氏・亘理氏
	福島縣	芦名氏・石川氏・猪苗代氏・磐城氏・河原田氏・標葉氏・田村氏・二階堂氏
出羽國	秋田縣	浅利氏・打越氏・戸沢氏・成田氏・仁賀保氏・六郷氏
	山形縣	寒河江氏・大宝寺氏・天童氏・土佐林氏
常陸國	茨城縣	江戸氏・小田氏・小野崎氏・笠間氏・鹿島氏・宍戸氏・島崎氏・額田氏
下野國	栃木縣	芦野氏・伊王野氏・大関氏・大田原氏・佐野氏・千本氏・那須氏・福原氏・皆川氏・壬生氏・薬師寺氏
上野國	群馬縣	安中氏・小幡氏・長野氏・彦部氏・横瀬氏・和田氏
下総國	茨城縣	相馬氏
	千葉縣	粟飯原氏・臼井氏・海上氏・円城寺氏・大須賀氏・木内氏・簗田氏
上総國	千葉縣	金田氏・酒井氏・庁南氏
安房國	千葉縣	安西氏・正木氏
武蔵國	埼玉縣	浅羽氏・上田氏・太田氏・宿谷氏・成田氏・藤田氏・本庄氏
	東京都	宇田川氏・大石氏・豊島氏・三田氏・宮城氏
	神奈川縣	間宮氏
相模國	神奈川縣	大森氏・松田氏・三浦氏
越後國	新潟縣	柿崎氏・黒川氏・新発田氏・上条氏・安田氏
佐渡國	新潟縣	本間氏
越中國	富山縣	石黒氏・椎名氏・神保氏
加賀國	石川縣	鏑木氏
能登國	石川縣	熊木氏・長氏・温井氏・遊佐氏
越前國	福井縣	堀江氏・本郷氏
若狭國	福井縣	粟屋氏・内藤氏
甲斐國	山梨縣	秋山氏・穴山氏・今井氏・大井氏・小山田氏・加藤氏・栗原氏・三枝氏
信濃國	長野縣	相木氏・海野氏・片桐氏・木曽氏・栗田氏・黒河内氏・真田氏・島津氏・須田氏・高梨氏・仁科氏・知久氏・千野氏・伴野氏・室賀氏・屋代氏・山村氏

美濃國	岐阜縣	明智氏・安藤氏・稲葉氏・氏家氏・鷲見氏・高木氏・竹中氏・坪内氏・遠山氏・不破氏
飛驒國	岐阜縣	江馬氏・三木氏
伊豆國	静岡縣	蔭山氏・富永氏
駿河國	静岡縣	朝比奈氏・興津氏・葛山氏・由比氏
遠江國	静岡縣	天野氏・井伊氏・石野氏・奥山氏・久野氏・近藤氏・向坂氏・横地氏
尾張國	愛知縣	織田氏・佐治氏・久松氏・水野氏
三河國	愛知縣	鵜殿氏・奥平氏・吉良氏・菅沼氏・鈴木氏・戸田氏・牧野氏・松平氏
伊勢國	三重縣	愛洲氏・乙部氏・神戸氏・楠氏・木造氏・関氏・田丸氏・千種氏・長野氏
志摩國	三重縣	青山氏・小浜氏・九鬼氏
伊賀國	三重縣	柘植氏・服部氏・福地氏
近江國	滋賀縣	青地氏・蒲生氏・朽木氏・多賀氏・多羅尾氏・三雲氏・目賀田氏・山岡氏・山崎氏・山中氏
山城國	京都府	革島氏・神足氏・狛氏・調子氏・中小路氏
丹波國	京都府	上林氏・塩見氏
	兵庫縣	赤井氏・足立氏・荻野氏・久下氏・波多野氏

丹後國	京都府	一色氏・稲富氏
河内國	大阪府	甲斐荘氏・若江氏
和泉國	大阪府	淡輪氏・沼間氏
摂津國	大阪府	安威氏・芥川氏・池田氏・茨木氏・能勢氏
	兵庫縣	伊丹氏
播磨國	兵庫縣	明石氏・魚住氏・宇野氏・櫛橋氏・上月氏・小寺氏・別所氏
但馬國	兵庫縣	太田垣氏・垣屋氏・田結庄氏・八木氏
淡路國	兵庫縣	菅氏・船越氏
大和國	奈良縣	越智氏・筒井氏・十市氏・柳生氏
紀伊國	和歌山縣	雑賀氏・周参見氏・堀内氏・湯川氏
因幡國	鳥取縣	井田氏・吉岡氏
伯耆國	鳥取縣	小鴨氏・南条氏・行松氏
出雲國	島根縣	赤穴氏・神西氏・宍道氏・富田氏・三沢氏・三刀屋氏
石見國	島根縣	小笠原氏・吉川氏・口羽氏・周布氏・益田氏・三隅氏・吉見氏
隠岐國	島根縣	隠岐氏
備前國	岡山縣	浦上氏・日笠氏・松田氏

備中國	岡山縣	赤木氏・荘氏・三村氏
美作國	岡山縣	植月氏・江見氏・草苅氏・後藤氏
備後國	広島縣	杉原氏・和智氏
安芸國	広島縣	阿蘇沼氏・天野氏・熊谷氏・小早川氏・宍戸氏・多賀谷氏・乃美氏・羽仁氏・平賀氏
周防國	山口縣	陶氏・内藤氏・弘中氏
長門國	山口縣	杉氏・内藤氏
阿波國	徳島縣	阿佐氏・天羽氏・一宮氏・市原氏・大西氏・海部氏・新開氏・森氏
讃岐國	香川縣	秋山氏・岡氏・香川氏・香西氏・近藤氏・寒川氏・十河氏・高原氏・詫間氏・安富氏
伊予國	愛媛縣	宇都宮氏・戒能氏・金子氏・忽那氏・西園寺氏・土居氏・二神氏・村上氏
土佐國	高知縣	安芸氏・五百蔵）氏・大平氏・堅田氏・吉良氏・香宗我部氏・秦泉寺氏・津野氏・本山氏・安岡氏・山田氏
筑前國	福岡縣	秋月氏・麻生氏・香月氏・原田氏・宗像氏
筑後國	福岡縣	蒲池氏・草野氏・黒木氏・上妻氏・星野氏・三池氏
豊前國	福岡縣	長野氏・門司氏

	大分縣	池永氏・香志田氏・佐田氏・時枝氏
豊後國	大分縣	阿南氏・一万田氏・臼杵氏・木付氏・岐部氏・財津氏・佐伯氏・田北氏・都甲氏・戸次氏
肥前國	佐賀縣	相浦氏・犬塚氏・於保氏・千葉氏・鶴田氏
	長崎縣	青方氏・有馬氏・宇久氏・大村氏・小佐々氏・西郷氏・長崎氏・針尾氏・深堀氏・松浦氏
対馬國	長崎縣	阿比留氏・大浦氏
壱岐國	長崎縣	波多氏
肥後國	熊本縣	赤星氏・阿蘇氏・天草氏・宇土氏・隈部氏・合志氏・相良氏・志岐氏・小代氏
日向國	宮崎縣	荒武氏・伊東氏・門川氏・北原氏・土持氏・野辺氏・三田井氏・米良氏
薩摩國	鹿児島縣	伊集院氏・市来氏・指宿氏・入来院氏・加治木氏・喜入氏・祁答院）氏・東郷氏・二階堂氏
大隅國	鹿児島縣	伊地知氏・蒲牛氏・肝付氏・種子島氏・新納氏・禰寝氏・菱刈氏・本田氏

族譜陳述歷史

這裡列舉的名家和知名氏族多是傳有族譜者，由於古代族譜多有異動，其中不乏無法掌握正確脈流者，但也有傳承逾百代的名家，其淵遠流長的歷史令人為之驚嘆。

然而這些族譜不單傳述那一家的來歷，尤其是遠古流傳下來的族譜，除了記述一族的血緣關係，更突顯古代社會裡氏族的存在方式。從熊本阿蘇神社神官的**阿蘇**氏族譜便能看出這一點。

繼承神武天皇之後的第二代綏靖天皇，並非嫡長子而是三男。神武天皇駕崩後，綏靖天皇和兄長神八井耳命聯手殺了同父異母的長男手研耳命。按理來說應該由兄長繼承天皇之位，但神八井耳命把機會讓給了勇猛的弟弟，自己則從事祭祀神祇的工作。根據族譜，世襲阿蘇神社大宮司的阿蘇氏便是神八井耳命的後代。

阿蘇神社所在的阿蘇市一之宮町位在熊本縣東部，而天皇家發源地的高千穗地方在宮崎縣北部，兩地雖分屬不同縣，但從地圖也可看出其實只有一山之隔，距離意外的近。

因此高千穗時代的大王家（天皇家）跟阿蘇神社的阿蘇家，極可能從遠古時代便有所交流，而帶有皇族血統的神八井耳命傳說也成為古代社會裡阿蘇神社高格調的象徵。

阿蘇家的族譜暗示了，現在知名度不那麼高的阿蘇神社在古代也曾是各神社之中有特別淵源的存在。

同屬特殊存在的還有古代超級巨星的武內宿禰。此人出身皇室，從第十三代成務天皇到第十六代仁德天皇共歷官四朝，甚至有人說還可溯及到第十二代的景行天皇。武內宿禰不單是記事寫的那般長壽，還是個徹底擁護天皇的忠臣，而被認為是描述理想大臣形象的虛構人物。

族譜上甚至還記載了武內宿禰是繁盛於古代大和國之**葛城**氏、**蘇我**氏、**平群**氏、**紀**氏與**巨勢**氏的始祖，亦即他的五個兒子各是一族之始。總歸來說，天皇家初期的族譜裡想要主張的，或許是這五個在大和王權內占有主要地位的氏族全是以大王家為中心的親戚關係一事。而五大氏族的始祖又被描寫成徹底效忠天皇家的理想政治人物，不禁透露出《古事記》和《日本書紀》等神話裡帶有政治考量的意味。

這也可解釋成，領導氏族連合政權的大王家在變成擁有絕對權力的天皇家後，為張顯其權力的正統性而編造出這樣的族譜與神話。就跟綏靖天皇兄長之神八井耳命的子孫成為阿蘇神社神官一樣，天皇家對於跟底下支配氏族的絕對距離，決定於該氏族的位置、勢力與忠誠度等綜合判斷。天皇家族譜裡不僅反映出與各支配氏族的絕對距離，也把天皇神格化了。古代的族譜不單表示親子與兄弟的關係，更帶有濃厚的政治色彩。

第3章——從姓氏分布尋根

本章登場的日本姓氏（保留原文、依揭示順序排序、省略重複者）

山本 田中 佐藤 鈴木 全國前三百大姓氏排名（略） 斎藤 東 山崎 藤原 河野 菅野 上村 加我 才 千葉 葛西
工藤 今 金 昆 近 今野 紺野 金野 昆野 近野 今田 躑躅森 五十嵐 厚谷 蠣崎 鉢呂 対馬 福士 神 古川 一
戸 長内 蝦名 小田桐 種市 棟方 白戸 中野渡 八木橋 鳥谷部 及川 八重樫 照井 小田島 瀬川 新沼 久慈
田鎖 沢里 角掛 盛合 五日市 早坂 庄子 丹野 赤間 門間 若生 三塚 中鉢 只野 斎 熱海 安住 嶺岸 木皿
加賀谷 船木 虻川 真坂 猿田 夏井 日景 石郷岡 長岐 小松田 八柳 草彅 東海林 梅津 大沼 森谷 安孫子
柏倉 寒河江 八鍬 土門 遠田 星 安斎 国分 柳沼 三瓶 猪狩 二瓶 八巻 小針 折笠 円谷 荒 栗城 坂内 上
遠野 宗形 熊倉 風間 南雲 新保 小野塚 若月 鶴巻 水落 庭野 駒形 古俣 田巻 久住 西潟 大掾 佐竹 宇都
宮 那須 足利 新田 成田 三浦 左衛門三郎 倉持 小松崎 寺門 井坂 軍司 市毛 鬼沢 小野瀬 会沢 助川 藤
枝 鴨志田 照沼 飯泉 友部 阿久津 増淵 室井 高久 磯 宇賀神 早乙女 八木沢 五月女 直井 沼尾 毛塚 江
連 印南 日向野 角田 木暮 須永 生方 羽鳥 田部井 都丸 小板橋 阿久沢 田島 浅見 須賀 大熊 小谷野 折
原 千島 越阪部 強矢 荒船 加瀬 鶴岡 椎名 石毛 越川 向後 香取 鵜沢 川名 深山 宍倉 植草 清宮 鎌形
原島 宇田川 乙幡 小美濃 篠 高水 彦田 菱山 日比谷 鳴島 石渡 二見 新倉 露木 鈴野 府川 諸星 土志田
菊地原 中戸川 志沢 小林 宮沢 柳沢 滝沢 西沢 中沢 北沢 諏訪 海野 深沢 古屋 雨宮 志村 保坂 堀内 中
込 小俣 名取 五味 輿石 加賀美 小尾 小佐野 功刀 功刀 丸山 宮下 百瀬 宮坂 上条 平林 藤森 唐沢 花岡
山浦 両角 古畑 高見沢 春原 大日方 伊藤 加藤 田口 村瀬 日比野 長屋 鷲見 川瀬 棚橋 交告 各務 可児
所 国枝 桂川 可知 纐纈 杉本 勝又 青島 池谷 植松 赤堀 古橋 池ヶ谷 勝亦 漆畑 勝間田 安間 紅林 藁科
杉浦 河合 鬼頭 犬飼 尾関 新美 間瀬 今枝 舟橋 野々山 恒川 木全 深津 畔柳 家田 水谷 出口 中森 世古
坂倉 瀬古 位田 中世古 中北 阪 日沖 三鬼 日紫喜 西 南 北 中 東出 西出 南出 北出 東四柳 石黒 水島
金森 谷井 尾山 東海 永森 金谷 本江 飛騨 谷内 中出 干場 高 道下 表 紺谷 辻口 大家 白崎 三田村 松
宮 天谷 笠島 時岡 漆崎 帰山 印牧 笛吹 中村 井上 吉田 松本 菅原 安倍 高橋 渡邊 佐佐木 藤居 田井中
上林 伊吹 桂田 西堀 松居 夏原 桐畑 饗庭 国領 塩見 四方 糸井 川勝 衣川 大八木 上羽 井尻 桐村 白波
瀬 俣野 東野 辻野 芝池 泉谷 根来 松浪 中辻 武輪 玉田 春名 久下 神吉 上月 笹倉 田路 魚住 井奥 尾
上 辻本 乾 辰己 巽 辰巳 米田 福西 南浦 志野 当麻 井岡 玉置 湯川 岩橋 上野山 貴志 南方 雑賀 古久
保 硲 海堀 三宅 神門 金築 山根 藤井 信長 頼経 小谷 角 林原 米原 本池 磯江 都田 音田 武良 保木本

国頭 勝部 野津 錦織 石倉 石飛 曽田 土江 吾郷 江角 景山 園山 周藤 柳楽 多久和 多々納 難波 妹尾 平
松 守屋 白神 仁科 角南 花房 黒住 日笠 柚木 守安 延原 沖田 沖本 桑田 門田 新宅 橘高 檀上 神垣 弘
中 水津 森重 縄田 兼重 阿武 武居 藤中 井町 国弘 河内山 大西 小笠原 近藤 西園寺 村上 越智 綾 羽床
大野 豊田 綾部 玉井 香西 長宗我部 秦 中原 香宗我部 広井 中島 野田 大黒 中野 蒲原 坂東 板東 新居
武市 四宮 美馬 元木 川人 鈴江 後藤田 小笠 久次米 麻植 真鍋 香川 宮武 合田 福家 十河 六車 寒川 穴
吹 多田羅 三井 越智 兵頭 菅 玉井 曽我部 武智 神野 重松 仙波 上甲 高須賀 高市 赤瀬 蔦田 岡林 西森
安岡 中平 公文 楠瀬 森岡 下元 明神 近森 徳弘 国沢 古味 浜渦 山口 松尾 古賀 山下 黒木 甲斐 長友
後藤 大友 島津 秋本 秋元 山元 福元 松元 坂元 田上 田之上 山内 山之内 堀之内 竹之下 上加世田 下小
野田 東麻生原 下西ノ園 上久木田 牟田神西 猜ヶ宇都 今久留主 小椎八重 野間川内 安永 安武 石松 藤
野見山 八尋 白水 安河内 椛島 波多江 熊谷 江頭 副島 大坪 岸川 脇山 陣内 南里 草場 百武 嘉村 大隈
江里口 力武 多久島 岩永 阿比留 高比良 深堀 朝長 下釜 鴨川 田浦 佐々野 貞方 村里 糸瀬 古閑 赤星
有働 蓑田 井 坂梨 北里 井芹 家入 志垣 合志 安部 首藤 衛藤 姫野 阿南 穴井 羽田野 三重野 幸 釘宮
荒金 染矢 利光 岩切 川越 中武 押川 浜砂 椎葉 興梠 奈須 蛯原 新名 時任 図師 米良 鮫島 岩元 大迫
瀬戸口 迫 市来 木場 仮屋 栄 四元 伊地知 堂園 加治屋 比嘉 金城 尚 勢理客 東江 仲村渠 ト原 石川 松
田 神谷 岸本 野原 山田 前田 平田 山川 石垣 大田 吉田 石原 与儀 与古田 与座 与那城 与占田 与那覇
与那原 与那嶺 伊覇 我那覇 座覇 玉那覇 漢那 当間 当真 当銘 当山 儀保 儀間 安慶名 慶留間 瑞慶山 瑞
慶覧 渡慶次 宜寿次 宜野座 宜保 屋宜 新垣 島袋 玉城 知念 宮里 仲宗根 城間 赤嶺 安里 又吉 具志堅
都道府縣別前十大姓氏排名（略） 西川 相賀 生野 今田 江田 小田切 河辺 河村 清村 小柳 坂 清水 下野
高畑 長野 西原 馬場 古屋 盛山 上田 上野 上岡 上山 上西 上坂 岩谷 松谷 荒谷 渋谷 小関 小川 小野
小島 小山 小原 小口 小瀬 小村 小浜 小沼 小木曽 茂木 八田 角野 角谷 角尾 角崎 角村 角山 角屋 新井
新橋 新山 新谷 新 萩原 荻原 梶原 相内 武末 待鳥

網路排名的盲點

昭和時代後半日本邁向經濟高度成長期，人人嚮往都會生活，進入平成之後又開始回歸地方，湧向都市的潮流看似退去，但近年又加速往都市圈集中，再加上人口減少，導致地方人口過稀的深刻問題。

人到哪裡，姓就跟到哪裡。許多人以為人口移動如此激烈，各地已經不存在姓氏差異。確實東京的姓氏排行榜跟全國的排名結果幾乎無異，完全感覺不出東京這個地區的獨到之處。但是比對以大阪府為中心的關西各府縣，排名在前的「**山本**、**田中**」可跟東日本居首的「**佐藤**、**鈴木**」大不同。「什麼！爭奪日本第一大姓的是『佐藤』和『鈴木』？」，這對關西人來說是難以理解的事。

其實姓氏排名在各地仍存在明顯的不同，想要了解差異何在，得先看到全國姓氏排行榜。

下兩頁的「日本前三百大姓氏排名」是根據一九九〇年代後半到二〇〇〇年代前半日本各地的電話簿製作而成，那時刊登市話的用戶比現在多很多。有些人可能會覺得資料來源過於老舊，但是日本並非大量接受海外移民的國家，二、三十年的歲月不致影響姓氏分布情況，也沒有特定姓氏死亡率或出生率偏高的情形，所以不會影響到前幾大姓氏排名的結果，即使有也很微幅。反而是使用近期資料的情況下會因樣本數銳減造成分布偏差問題。

網路上有很多利用收錄電話簿資料的 CD-ROM 等製成的姓氏排行榜，不僅有樣本數減少導致偏差問題，更多是單純以漢字差異進行統計，把「**斎藤**」和「**齋藤**」視為不同個體，卻把念成「Higashi」和「Azuma」的「**東**」視為同一姓氏。

基本上電話簿裡收錄的姓氏是否如實反映登錄在戶籍的漢字字體也令人質疑，戶籍上寫的是「齋藤」但日常生活裡用「斎藤」的大有人在，因此區別新舊字體的統計沒什麼意義。

反之，「東」這個姓大致可分成「Higashi」和「Azuma」兩種讀音，應該極少本名是「Higashi」但生活中以「Azuma」自稱的人。因此讀音是區別姓氏的基本重要因素，但不包括清濁音這類沒有必要嚴謹區分的輕微差異，就像「**山崎**」（Yamazaki）和「**山崎**」（Yamasaki）的讀音差在Z和S，但兩者仍出於同宗。

基於前述種種，本書排名是根據以下標準製作而成。

- 新舊字體和異體字原則上視為同一個體
- 不同讀音者原則上視為單一個體
- 承上，但僅清音和濁音差異者不在此列

160	堀	HORI
161	尾崎	OZAKI
162	望月	MOCHIZUKI
163	永田	NAGATA
164	熊谷	KUMAGAI
165	内藤	NAITO
166	松村	MATSUMURA
167	西山	NISHIYAMA
168	大谷	OTANI
169	平井	HIRAI
170	大島	OSHIMA
171	岩本	IWAMOTO
172	片山	KATAYAMA
173	本間	HONMA
174	早川	HAYAKAWA
175	横田	YOKOTA
176	岡崎	OKAZAKI
177	荒井	ARAI
178	大石	OISHI
179	鎌田	KAMATA
180	成田	NARITA
181	宮田	MIYATA
182	小田	ODA
183	石橋	ISHIBASHI
184	篠原	SINOHARA
185	須藤	SUDO
186	河野	KONO
187	大沢	OSAWA
188	小西	KONISHI
189	南	MINAMI
190	高山	TAKAYAMA
191	栗原	KURIHARA
192	伊東	ITO
193	松原	MATSUBARA
194	三宅	MIYAKE
195	福井	FUKUI
196	大森	OMORI
197	奥村	OKUMURA
198	岡	OKA
199	内山	UCHIYAMA
200	片岡	KATAOKA
201	松永	MATSUNAGA
202	桑原	KUWABARA
203	関口	SEKIGUCHI
204	北川	KITAGAWA
205	奥田	OKUDA
206	富田	TOMITA
207	古賀	KOGA
208	八木	YAGI
209	吉野	YOSHINO
210	中沢	KANAZAWA
211	上原	UEHARA
212	今村	IMAMURA
213	白石	SHIRAISHI
214	中尾	NAKAO
215	小泉	IKOIZUMI
216	川島	KAWASHIMA
217	青山	AOYAMA
218	平山	HIRAYAMA
219	牧野	MAKINO
220	岡村	OKAMURA
221	河野	KAWANO
222	寺田	TERADA
223	河合	KAWAI
224	児玉	KODAMA
225	坂口	SAKAGUCHI
226	西	NISHI
227	大山	OYAMA
228	多田	TADA
229	小野寺	ONODERA
230	宮下	MIYASHITA
231	竹田	TAKEDA
232	足立	ADACHI
233	小笠原	OGASAWARA
234	坂井	SAKAI
235	村山	MURAYAMA
236	天野	AMANO
237	杉浦	SUGIURA
238	小倉	OGURA
239	東	HIGASHI
240	坂田	SAKATA
241	豊田	TOYOTA
242	水谷	MIZUTANI
243	萩原	HAGIWARA
244	武藤	MUTO
245	根本	NEMOTO
246	関根	SEKINE
247	森下	MORISHITA
248	中井	NAKAI
249	河村	KAWAMURA
250	菅野	KANNO
251	植田	UEDA
252	塚本	TSUKAMOTO
253	飯塚	IIZUKA
254	佐久間	SAKUMA
255	田島	TAJIMA
256	渋谷	SHIBUYA
257	前川	MAEKAWA
258	山根	YAMANE
259	浅井	ASAI
260	安部	ABE
261	宮川	MIYAGAWA
262	岡部	OKABE
263	神田	KANDA
264	白井	SHIRAI
265	大川	OOKAWA
266	谷	TANI
267	堀内	HORIUCHI
268	稲垣	INAGAKI
269	若林	WAKABAYASHI
270	松崎	MATSUZAKI
271	榎本	ENOMOTO
272	森山	MORIYAMA
273	畠山	HATAKEYAMA
274	細川	HOSOKAWA
275	江口	EGUCHI
276	及川	OIKAWA
277	西尾	NISHIO
278	三上	MIKAMI
279	金沢	KANAZAWA
280	田代	TASHIRO
281	石塚	ISHIZUKA
282	飯島	IIJIMA
283	土井	DOI
284	津田	TSUDA
285	荒川	ARAKAWA
286	中原	NAKAHARA
287	戸田	TODA
288	岸本	KISHIMOTO
289	安達	ADACHI
290	長尾	NAGAO
291	神谷	KAMIYA
292	今野	KONNO
293	本多	HONDA
294	滝沢	TAKIZAWA
295	森川	MORIKAWA
296	三好	MIYOSHI
297	中嶋	NAKAJIMA
298	村松	MURAMATSU
299	星	HOSHI
300	金井	KANAI

※統計時新舊字體和異體字原則上視為同一個體。例如，渡邊包括「渡辺」和「渡邉」、齋藤含「斎藤」、齊藤含「斉藤」、櫻井含「桜井」、濱田含「浜田」、澤田含「沢田」、關含「関」、廣瀬含「広瀬」、淺野含「浅野」、小澤含「小沢」、田邊含「田辺」和「田邉」、大澤含「大沢」、關口含「関口」、中澤含「中沢」、兒玉含「児玉」、關根含「関根」、澁谷含「渋谷」、淺井含「浅井」、金澤含「金沢」、瀧澤含「滝澤」、「瀧沢」和「滝沢」等。

日本前三百大姓氏排名

1	佐藤	SATO
2	鈴木	SUZUKI
3	高橋	TAKAHASHI
4	田中	TANAKA
5	渡邊	WATANABE
6	伊藤	ITO
7	山本	YAMAMOTO
8	中村	NAKAMURA
9	小林	KOBAYASHI
10	加藤	KATO
11	吉田	YOSIDA
12	山田	YAMADA
13	佐佐木	SASAKI
14	山口	YAMAGUCHI
15	斎藤	SAITO
16	松本	MATSUMOTO
17	井上	INOUE
18	木村	KIMURA
19	林	HAYASHI
20	清水	SHIMIZU
21	山崎	YAMAZAKI
22	森	MORI
23	阿部	ABE
24	池田	IKEDA
25	橋本	HASHIMOTO
26	山下	YAMASHITA
27	石川	ISHIKAWA
28	中島	NAKAJIMA
29	前田	MAEDA
30	藤田	FUJITA
31	小川	OGAWA
32	後藤	GOTO
33	岡田	OKADA
34	長谷川	HASEGAWA
35	村上	MURAKAMI
36	近藤	KONDO
37	石井	ISHII
38	斉藤	SAITO
39	坂本	SAKAMOTO
40	遠藤	ENDO
41	青木	AKIO
42	藤井	FUJII
43	西村	NISHIMURA
44	福田	FUKUDA
45	太田	OTA
46	三浦	MIURA
47	岡本	OKAMOTO
48	松田	MATSUDA
49	中川	NAKAGAWA
50	中野	NAKAO
51	原田	HARADA
52	小野	ONO
53	田村	TAMURA
54	竹内	TAKEUCHI
55	金子	KANEKO
56	和田	WADA
57	中山	NAKAYAMA
58	藤原	FUJIWARA
59	石田	ISHIDA
60	上田	UEDA
61	森田	MORITA
62	原	HARA
63	柴田	SIBATA
64	酒井	SAKAI
65	工藤	KUDO
66	横山	YOKOYAMA
67	宮崎	MIYAZAKI
68	宮本	MIYAMOTO
69	内田	UCHIDA
70	高木	TAKAGI
71	安藤	ANNDO
72	谷口	TANIGUCHI
73	大野	ONO
74	丸山	MARUYAMA
75	今井	IMAI
76	高田	TAKADA
77	藤本	FUJIMOTO
78	武田	TAKEDA
79	村田	MURATA
80	上野	UENO
81	杉山	SUGIYAMA
82	増田	MASUDA
83	平野	HIRANO
84	大塚	OTSUKA
85	千葉	CHIBA
86	久保	KUBO
87	松井	MATSUI
88	小島	KOJIMA
89	岩崎	IWASAKI
90	桜井	SAKURAI
91	野口	NOGUCHI
92	松尾	MATSUO
93	野村	NOMURA
94	木下	KINOSHITA
95	菊地	KIKUCHI
96	佐野	SANO
97	大西	ONISHI
98	杉本	SUGIMOTO
99	新井	ARAI
100	浜田	HAMADA
101	菅原	SUGAWARA
102	市川	ICHIKAWA
103	水野	MIZUNO
104	小松	KOMATSU
105	島田	SIMADA
106	古川	FURUKAWA
107	小山	KOYAMA
108	高野	TAKANO
109	西田	NISHIDA
110	菊池	KIKUCHI
111	山内	YAMAUCHI
112	西川	NISHIKAWA
113	五十嵐	IGARASHI
114	北村	KITAMURA
115	安田	YASUDA
116	中田	NAKATA
117	川口	KAWAGUCHI
118	平田	HIRATA
119	川崎	KAWASAKI
120	本田	HONDA
121	久保田	KUBOTA
122	吉川	YOSHIKAWA
123	飯田	IIDA
124	沢田	SAWADA
125	辻	TSUJI
126	関	SEKI
127	吉村	YOSHIMURA
128	渡部	WATANABE
129	岩田	IWATA
130	中西	NAKANISHI
131	服部	HATTORI
132	樋口	HIGUCHI
133	福島	FUKUSHIMA
134	川上	KAWAKAMI
135	永井	NAGAI
136	松岡	MATSUOKA
137	田口	TAGUCHI
138	山中	YAMANAKA
139	森本	MORIMOTO
140	土屋	TSUCHIYA
141	矢野	YANO
142	広瀬	HIROSE
143	秋山	AKIYAMA
144	石原	ISHIHARA
145	松下	MATSUSHITA
146	大橋	OHASHI
147	松浦	MATSUURA
148	吉岡	YOSHIOKA
149	小池	KOIKE
150	馬場	BABA
151	浅野	ASANO
152	荒木	ARAKI
153	大久保	OKUBO
154	野田	NODA
155	小沢	OZAWA
156	田辺	TANABE
157	川村	KAWAMURA
158	星野	HOSHINO
159	黒田	KURODA

根據前述標準進行統計的結果，前幾名的順位和其他網路排名沒有太大的差異，但繼續往下看的話，一般進榜前五十大的「**藤原**」在考量到「Fujiwara」和「Fujihara」兩種讀音分開統計後，「Fujiwara」排在第五十八。其他如「**河野**」（Kono／Kawano）、「東」（Higashi／Azuma）、「**菅野**」（Kanno／Sugano／Sugeno）、**上村**（Uemura／Kamimura）等也因讀音拆分成個別姓氏的關係，名次大為異動。

然而在日本政府沒有根據戶籍發表正式統計的情況下，即使有再多的樣本仍只能算是概數，排名也不出推測結果的範疇。所以，在意樣本數少的一萬名以下順位，或是三〇〇〇名以後的個位數排名，其實是沒什麼意義的。

東、西日本的交界

接下來先看到東、西日本的交界何在。從烏龍麵湯汁到年糕的形狀（方的還是圓的）等，已經有眾多研究指出東日本和西日本在文化上的差異。姓氏也有東以「**佐藤**」、「**鈴木**」居多，西以「**山本**」、「**田中**」為冠的極大差異。但是這裡所指的東西交界為何則因對象有很大的不同。

以姓氏來說，靠日本海的新潟縣與富山縣完全不同。那是因為兩縣之間被知名險境的親不知子不知斷崖所阻隔，現在雖然已可利用鐵路和高速公路往來通行，在過去這個飛驒山脈北端綿延十五公里、一邊就是直接落海的斷崖絕壁根本沒有可讓人步行的餘地，形成極少人跡往來的邊界。人不動姓氏也不會流動，因而成了東、西日本姓氏差異的分界線。

反觀太平洋這一側，人們自古經東海道頻繁往來，少了特定因素阻隔，姓氏也呈漸進式變化，但是還是可以看出愛知縣和岐阜縣的姓氏特徵大致偏向東日本，而三重縣是東西混雜的情況。

進一步調查三重縣內姓氏分布情形，可知北部的北勢地區完全屬東日本特性，伊賀地區和南部則以西日本為主，中勢地區為東西混雜，似乎是在雲出川附近形成一道界線。

其實姓氏的東西分界線跟日清食品公司當初開發「日清兵衛麵」時所做的行銷調查結果很接近。

根據該公司的說法，兵衛麵的東西分界，以日本海方面來說，果然介在有親不知子不知斷崖阻隔的富山縣與新潟縣之間；內陸地區則在關原之戰東西兩軍激烈交戰的關原地區（岐阜縣）；靠太平洋這面則是在名古屋附近。現在日清公司在三重縣推的兵衛麵是迎合名古屋一帶偏好的東日本口味，但東紀州、南勢和志摩地方等地的消費者部分偏好西日本口味，有的零售店因而特意跑到隔壁縣進貨。

由此可見姓氏和口味的東西分界線極為接近，因為口味也跟人的移動有密切關係。

姓氏的東西分界線

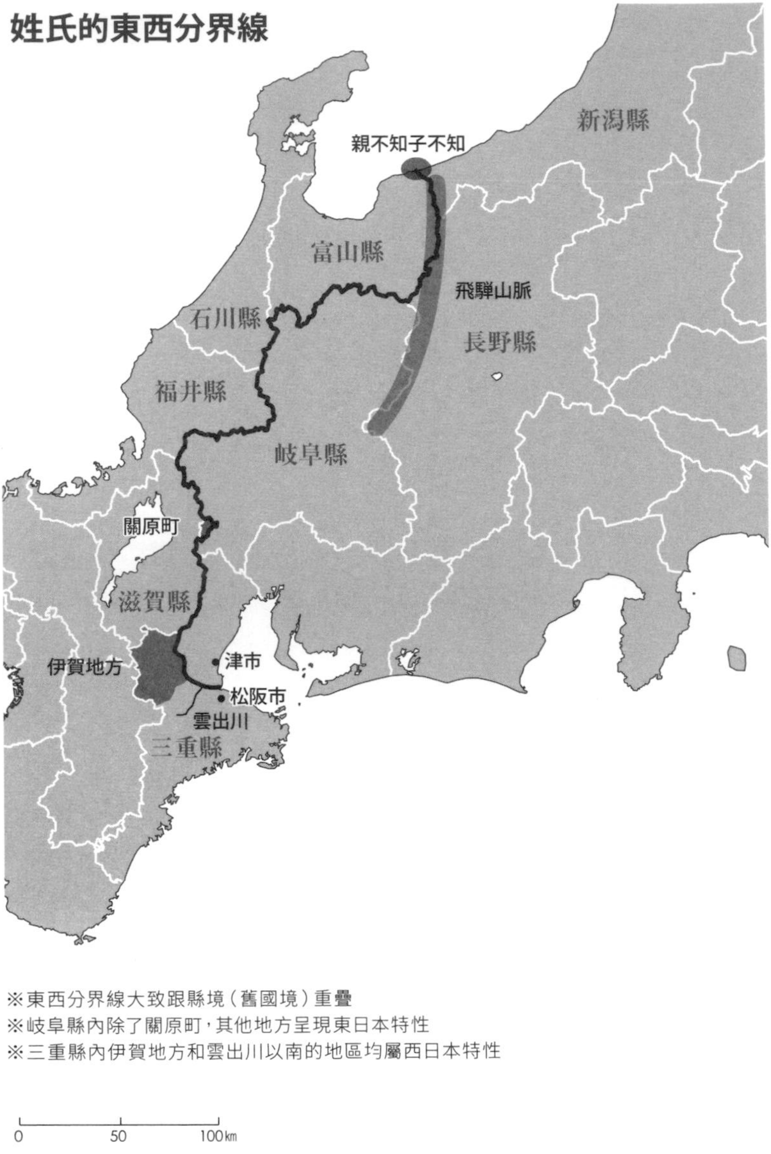

※東西分界線大致跟縣境（舊國境）重疊
※岐阜縣內除了關原町，其他地方呈現東日本特性
※三重縣內伊賀地方和雲出川以南的地區均屬西日本特性

北海道地方的姓氏

由於歷史背景的關係，北海道的姓氏在東日本予人些微特殊的印象。江戶時代以前的北海道有蝦夷地之稱，是愛奴人居住的地方。由於無法種稻，除了箱館（現在的函館）等部分道南地區，其他根本不屬日本國土，也沒有和人（江戶幕府對愛奴人以外的日本人自稱）住在此地。

和人移入約是從幕末開始，正式殖民是在戶籍制度確立的明治中期以後，因此北海道的姓氏幾乎無一是起源於當地，而是隨遷居人口而來。當然愛奴人也有自己的姓，但他們大部分跟隨被殖民者使用和人的姓，讓北海道獨特姓氏變得少之又少。

明治時期遷居北海道的，以東北地方出身者占絕大多數，其次是北陸，另有不少是從四國來的，因此當地的姓氏構成是以東北為基礎，再加上北陸和四國兩地，也讓帶有西日本特色的姓氏排名相對在前。

雖然北海道缺乏獨特姓氏，但是在從室町時代起便有和人活動的道南地方仍有個叫「**加我**」的姓，全國有八成以上的同姓人口是北海道出身，而且大部分集中在道南地方。另一個罕見姓氏是把「木」的兩撇拿掉，寫成像十的「**十**」，讀作「Mogiki」。

東北地方的姓氏

東北姓氏的最大特徵在於，種類少且大量集中在幾個特定姓氏。以西日本來說，各府縣的最大姓也不過占當地人口的百分之一再多一點，東日本的話比例會稍微高一些，在關東地區約是占百分之二左右。反觀秋田縣裡叫「**佐藤**」的接近當地人口的百分之八，而且占比超過百分之三的在東北各縣也有好幾個。山形縣裡光是前十大姓氏人口加總就超過當地的百分之二十六，而相同統計在大阪府僅占百分之七點六。

造成姓氏分布高度集中的原因有二。一是跟姓氏大量誕生的中世人口密度有關。現在東北人口密度不高，在當時更是低到極點。人口密度和姓氏種類呈正向關係，就好比一個聚落裡有一百戶人家，就需要一百種姓氏來區分彼此，僅二十戶人家的話也只要二十種就好，就算有的跟隔壁村人家重複了也沒關係。所以自古人口密集的關西地區姓氏呈多元化，而原本就人口稀落的東北，姓氏種類貧乏才會造成集中現象。

另一個原因是，東北人傾向沿用有歷史淵源的姓氏。江戶時代以前，姓氏是可隨意變更的，尤其是中世的武士經常走到哪就改取當地名稱為姓。在東北則不如此，多半沿用讓人一看就知道是名家出身的姓氏，不會任意變更。

平安時代從中央派來的藤原姓官僚，即使後來定居當地仍持續使用一看就知道是貴族出身的「佐藤」和「**齋藤**」等姓。這在位處邊境的東北可用以明示和中央的關係，有助於統治地方。

到了鎌倉時代，移居東北的成了**千葉**氏、**葛西**氏和**工藤**氏等在幕府任要職的氏族旁系，其子孫為彰顯自己和幕府的關係也沿用原姓，造成東北各地特定姓氏大量集中的情形。

說起東北地方的獨特姓氏，要屬跟「Kon」有關的姓。東北古代有個稱為「Kon」的氏族，隨其他地區人口流入而同化，並借用「**今**」、「**金**」、「**昆**」、「**近**」等字來表達「Kon」的讀音。其實東北有很多叫「Kon～」的姓，以出自同源的「Konno」（**今野**、**紺野**、**金野**、**昆野**和**近野**等）為首，包括山形縣內叫「Konda」的「**今田**」（其他地方一般叫「Imada」）等都是。「Konno」的由來是把自我介紹時「Kon 的某某某」的結構助詞（即介於姓和名中間的「的」＝日語的「の」，唸成「no」）給轉成姓氏變成「Konno」。

東北還有許多珍奇罕見的姓氏如岩手縣的「**躑躅森**」（Tsutsujimori），是現存確認筆劃最複雜的姓，高達五十四劃。

此外，在姓氏特徵方面，新潟縣被歸屬和東北同類。新潟縣和富山縣之間因為親不知子不知斷崖形成東西分界，使得新潟縣的姓氏幾乎不受西日本影響，反而近似山形縣和福島縣。新潟縣最具代表性的姓氏是「**五十嵐**」，始於垂仁天皇皇子五十日足彥命（Ikatarashihiko-nomikoto），因此「五十嵐」本來唸成「Ikarashi」而非現在一般常見的「Igarashi」。直到現在新潟縣仍有很多是採不發濁音的「Ikarashi」。

北海道、東北（含新潟）的獨特姓氏

北海道	厚谷、蠣崎、鉢呂
青森縣	葛西、對馬、今、福士、神、古川、一戶、長內、蝦名、小田桐、種市、棟方、白戶、中野渡、八木橋、鳥谷部
岩手縣	及川、八重樫、照井、小田島、瀨川、新沼、昆、久慈、田鎖、澤里、角掛、盛合、五日市、昆野
宮城縣	早坂、庄子、丹野、赤間、門間、若生、三塚、中鉢、只野、齋、熱海、安住、嶺岸、木皿
秋田縣	加賀谷、船木、虻川、真坂、猿田、夏井、日景、石鄉岡、長岐、小松田、八柳、草彅、東海林(Shoji)
山形縣	梅津、大沼、東海林(Tokairin)、森谷、安孫子、柏倉、寒河江、今田(Konta)、八鍬、土門、遠田)
福島縣	星、安齋、國分、柳沼、三瓶、豬狩、二瓶、八卷、小針、折笠、圓谷、荒、栗城、坂內、上遠野、宗形
新潟縣	熊倉、風間、南雲、新保、小野塚、若月、鶴卷、水落、庭野、駒形、古俣、近、田卷、久住、西潟

關東地方的姓氏

關東地方姓氏受到東京極大程度的影響。身為首都的東京吸引了來自全國各地的人口，其姓氏結構幾乎等同日本全國姓氏排名。而且東京的衛星城市不止二十三區以外的都內地區，還擴及關東南部一帶，尤其神奈川縣內大部分地區，千葉縣和埼玉縣內屬衛星城市的人口占比也很高。許多原本人口稀少的地區在外來人口超越本地人的情況下，已經失去地方姓氏原有的特色。

關東地方西部在平安時代中期以後有武藏七黨的子孫繁衍於此，坂東武士的後代則興盛於東部。他們各以根據地名稱為姓，產生了許多地名由來的姓氏，並出了常陸的**大掾**氏和**佐竹**氏、下野的**宇都宮**氏、**那須**氏與**足利**氏、上野的**新田**氏、武藏的**成田**氏、下總的**千葉**氏及相模的**三浦**氏等有力武家，其後世成為鎌倉幕府的御家人，遷居各地。

在豐臣政權之下，三河出身的德川家康率領大批家臣從濱松遷到關東，後於江戶開創幕府，這時只有從三河跟來的家臣還不夠，便把二男以下的子嗣給分家出去，以旗本和御家人的幕臣身分支持政權。他們在江戶奉公但持有郊外領地，使得江戶一帶叫「**鈴木**」等東海地方姓氏的人口增加。

埼玉縣裡有個日本最多漢字之一的姓氏「**左衛門三郎**」也很有名。

關東的獨特姓氏

茨城縣	倉持、小松崎、寺門、井坂、軍司、市毛、鬼澤、小野瀨、會澤、助川、藤枝、鴨志田、照沼、飯泉、友部
栃木縣	阿久津、增淵、室井、高久、磯、宇賀神、早乙女、八木澤、五月女、直井、沼尾、毛塚、江連、印南、日向野
群馬縣	角田、木暮、須永、生方、羽鳥、田部井、都丸、小板橋、阿久澤
埼玉縣	田島、淺見、須賀、大熊、小谷野、折原、千島、越阪部、強矢、荒船
千葉縣	加瀨、鶴岡、椎名、石毛、越川、向後、香取、鵜澤、川名、深山、宍倉、植草、清宮、鎌形
東京都	原島、宇田川、乙幡、小美濃、篠、高水、彥田、菱山、日比谷、鳴島
神奈川縣	石渡、二見、新倉、露木、鈴野、府川、諸星、土志田、菊地原、中戸川、志澤

甲信地方的姓氏

甲信地方的姓氏分布非常獨特。

山梨縣雖然靠近關東地方，從東京坐電車也很方便，但除了最東邊的上野原市，其他地方均免於成為東京衛星城市的命運，也讓山梨縣和鄰縣比起來得以保留較多獨特的姓氏。

雖說「**小林**」是全國排名第九的大姓，但只有在長野縣也同時居縣內人口之冠，而且還是排名次之的「**田中**」的三倍之多，占壓倒性多數。放眼全國都道府縣，小林能排上第二位的也只有跟長野縣相鄰的群馬縣和山梨縣（參見 P.185），可見「小林」主要分布在長野縣。

「小林」是名符其實的地形由來姓氏，取自雜林般的林子，這種景象隨處可見，各地都能成為該姓的發源地，再加上森林景觀豐富的長野縣裡有許多叫小林的地方，地形加地名由來才會有如此多的同姓人口集中在此。

長野縣的姓氏還有一個知名的特色是，有非常多的姓都帶有「澤」字，如**宮澤**、**柳澤**、**瀧澤**、**西澤**、**中澤**和**北澤**等。「澤」是指山中上游的河川，群山環繞的長野縣是許多河川的上游所在，因而發展出大量跟「澤」有關的姓氏。

又甲信地方是中世武士團興盛之地，有甲斐的甲斐源氏、信濃的信濃源氏，其他還有**諏訪**和**海野**等世居當地的氏族，庶流廣布縣內各地。

甲信的獨特姓氏

山梨縣	深澤、古屋、雨宮、志村、保坂、堀內、中込、小俣、名取、五味、輿石、加賀美、小尾、小佐野、功刀(Kunugi)、切刀(Kunugi)
長野縣	丸山、柳澤、宮下、瀧澤、百瀨、宮坂、上條、平林、藤森、唐澤、花岡、山浦、兩角、古畑、高見澤、春原、大日方

東海地方的姓氏

東海地方在三重縣中部有個東、西日本分界線（參見P.162），但基本上仍以東日本姓氏為主。整個區域最大的特色在於姓氏分布完全不受縣境區隔。由於現代的縣境和舊國境是重疊的，應是自古在國與國之間交流往來就很頻繁。

靜岡縣東西兩側的姓氏分布大不同，西邊的遠江地方近似愛知縣東部的三河地方，而愛知縣內三河地方和尾張地方又有很大的差異，尾張地方的姓氏接近岐阜縣美濃南部，而且岐阜縣南濃地方跟三重縣北勢地方有許多共通的姓氏，但三重縣內被雲出川分隔的北勢和南勢兩地的姓氏分布又大不相同。此外，愛知縣的知多地方、岐阜縣的飛驒地方、三重縣的志摩和伊賀地方存在著許多獨特姓氏。總而言之，東海地方各縣很難舉出只有某個縣才有的獨特姓氏。

從整體來看，「**伊藤**」和「**加藤**」兩姓是東海地方的特色，集中在濃尾平原一帶。伊藤源自「伊勢的藤原」，至今仍是三重縣的最大姓，尤其在北勢地方占壓倒性多數，可明顯看出發源地與與現代人口分布的關係。

「加藤」就相對複雜一些，意為「加賀的藤原」，始於藤原利仁之後第七代的景通（景道）以源賴義家臣的身分出仕加賀介，自稱加藤氏。景通之子景清（景貞）後前往伊勢成為伊勢加藤氏，不料景清的兒子景員因殺害平家武士不容於平氏政權，只好帶著兒子景廉投靠妻子在伊豆的娘家。待源賴朝起兵時，景廉成為源賴朝的近側，子孫後來遷到美濃的領地，一族便以美濃為中心拓展開來。

東海的獨特姓氏

岐阜縣	田口、村瀨、日比野、長屋、鷲見、川瀨、棚橋、交告、各務、可兒、所、國枝、桂川、可知、纐纈
靜岡縣	杉本、勝又、青島、池谷、植松、赤堀、古橋、池ケ谷、勝亦、漆畑、勝間田、安間、紅林、藁科
愛知縣	杉浦、河合、鬼頭、犬飼、尾關、新美、間瀨、今枝、舟橋、野野山、恒川、木全、深津、畔柳、家田
三重縣	水谷、出口、中森、世古、坂倉、瀨古、位田、中世古、中北、阪、日沖、三鬼、日紫喜

北陸地方的姓氏

這裡的北陸指的是新潟以外的富山、石川和福井三縣，因位在交通險阻的親不知子不知斷崖西側，盡屬西日本姓氏。

北陸地方的姓氏特徵在於有許多方位由來的姓氏，不只「**東**」、「**南**」、「**西**」、「**北**」、「**中**」，還有許多是方位加地形組合而成的。在石川縣，新開墾的土地叫「出」的關係，產生許多叫「**東出**」、「**西出**」、「**南出**」和「**北出**」等姓氏。

石川縣和富山縣的姓氏結構很接近，這是因為越中國在江戶時代是由金澤藩的支藩富山藩治理的關係。富山藩在分藩之際從加賀藩帶來藩士，所以兩縣姓氏來源相同。

北陸同時也是許多珍奇姓氏集中的地區。合併為富山縣射水市前的新湊市是全國知名，最多珍奇姓氏的地方，但石川縣的能登半島也不差，有個赫本式羅馬拼音最長的姓氏叫「東四柳」（HIGASHIYOTSUYANAGI）。

北陸的獨特姓氏

富山縣	**石黑、水島、金森、谷井、尾山、東海、永森、金谷、本江、飛驒**
石川縣	**谷內、中出、干場、北出、高、道下、表、紺谷、辻口、大家**
福井縣	**白崎、三田村、松宮、天谷、笠島、時岡、漆崎、歸山、印牧、笛吹**

關西地方的姓氏

相對於東日本的「佐藤」與「鈴木」，代表西日本的「**田中**」和「**山本**」尤其集中在關西地區，是關西各府縣數一數二的大姓。包括人口次多的「**中村**」、「**井上**」、「**吉田**」和「**松本**」，這六個姓盤據了關西各地前幾名，反映出當地的姓氏特徵在於很多是地形由來。

關西自古便是日本的發展重心，姓氏種類也隨高密集人口呈現多元化和極為分散的狀態，各府縣的第一大姓最多也只占當地人口的百分之一左右。人口密集度高也會造成地形和地名由來以外的姓氏增加。

而且就像人口從全國各地往東京集中一樣，大阪也湧入許多來自西日本的人口，通勤圈範圍橫跨兵庫縣、京都府、奈良縣、滋賀縣，甚至到和歌山縣，在郊外衛星城市化的小都市裡已不見原本的姓氏結構。

關西因為歷史發展久遠保留了許多姓氏發源地，尤其奈良縣內有許多跟**藤原**、**菅原**、**安倍**和**高橋**等古代豪族有淵源的地方。其他還有很多如**渡邊**和**佐佐木**等源自關西的古老地名由來姓氏。

關西的獨特姓氏

滋賀縣	藤居、田井中、上林、伊吹、桂田、西堀、松居、夏原、桐畑、饗庭、國領
京都府	鹽見、四方、糸井、川勝、衣川、大八木、上羽、井尻、桐村、白波瀬、俣野
大阪府	東野、辻野、芝池、泉谷、根來、松浪、中辻、武輪
兵庫縣	玉田、春名、久下、神吉、上月、笹倉、田路、魚住、井奥、尾上
奈良縣	辻本、乾、辰己、巽、辰巳、米田、福西、南浦、志野、當麻、井岡
和歌山縣	玉置、湯川、岩橋、上野山、貴志、南方、雜賀、古久保、硲、海堀

中國地方的姓氏

中國地方的姓氏在高度受關西影響之下，「**田中**」和「**山本**」占了壓倒性多數，其他在各縣進榜前兩名的只有岡山縣內排名第二的「**三宅**」。古代曾是吉備國，相當繁榮的岡山縣有許多獨特的姓氏。「三宅」是從儲存農作物的倉庫「屯倉（miyake）」而來，也指朝廷的直轄領地。

同樣在古代發展起來的島根縣出雲地方也有許多獨特的姓氏，像是憑藉出雲大社取名的

「**神門**」等帶「神」字，以及因製鐵業興盛而來的「**金築**」等帶「金」字的姓。

整體來說，中國地方有很多人叫「**山根**」、「**藤井**」或「**藤原**」，形成當地一大特色。另外，在山陽地方也有許多以人名為土地名稱、再取地名做為姓氏者，而有了「**信長**」和「**賴經**」之類看起來像是名字的姓氏（參見P.44）。

中國的獨特姓氏

鳥取縣	小谷、角、林原、米原、本池、磯江、都田、音田、武良、保木本、國頭
島根縣	勝部、野津、錦織、石倉、石飛、曾田、土江、吾鄉、江角、景山、園山、周藤、柳樂、金築、多久和、多多納
岡山縣	三宅、難波、妹尾、平松、守屋、白神、仁科、角南、花房、黑住、日笠、柚木、守安、延原
廣島縣	沖田、沖本、桑田、門田、新宅、橘高、檀上、神垣
山口縣	弘中、水津、森重、繩田、兼重、阿武、武居、藤中、井町、國弘、河內山

四國地方的姓氏

四國地方有一大群人叫「**田中**」和「**山本**」，但也不乏獨特姓氏。香川是全國唯一「**大西**」排名第一的縣，該姓發源自阿波國三好郡大西（現德島縣三好市池田町），有人說是出於**小笠原**氏，也有人說是出於**近藤**氏，傳聞是鎌倉時代從**西園寺**家派來的莊官後裔，一族分布在四國的中央一帶。

愛媛縣內第二和第四大姓各是「**村上**」和「**越智**」。「村上」是信濃村上氏一族，從室町到戰國時代以水軍勢力支配瀨戶內海。「越智」則是伊予古代豪族越智氏的後裔。

香川縣也有一支古代豪族叫**綾**氏，子孫後來成了武家的**羽床**氏。羽床氏一族又跟藤原氏結為姻親而有讚岐藤氏之稱，後發展出**大野**氏、**豐田**氏、**綾部**氏、**福家**氏、**玉井**氏、**新庄**氏和**香西**氏等。

橫貫四國中央的四國山脈，以及德島縣和香川縣之間的讚岐山脈阻隔了過去阿波、讚岐、伊予和土佐等四國行人內陸來往，導致現在四個縣姓氏分布零散，缺乏統一性。

但人們藉由發達的船運在瀨戶內海自由來去，因此德島縣與和歌山縣、香川縣與岡山縣、愛媛縣與廣島縣之間有著許多共通姓氏，唯一背對瀨戶內海的高知縣則成了四國裡保留了眾多獨特姓氏的縣。

土佐戰國大名**長宗我部**氏傳聞是渡來人**秦**氏的後裔，因遷居土佐的宗我部鄉，始稱長宗我部氏。宗我部鄉橫跨土佐國的長岡郡與香美郡，秦氏後裔落腳在長岡郡而取「長岡郡的宗我部」之意，名為「長宗我部」。另外，在香美郡那一側自古有名為**中原**氏的後裔居住當地，取「香美郡的宗我部」之意，名為「**香宗我部**」。長宗我部氏一族後來發展出**廣井**、**中島**、**野田**、**大黑**、**中野**和**蒲原**等活躍於土佐國的支流，現在高知縣內仍可見相關姓氏。

四國的獨特姓氏

德島縣	坂東、板東、新居、武市、四宮、美馬、元木、川人、鈴江、後藤田、小笠、久次米、麻植
香川縣	大西、真鍋、香川、宮武、合田、香西、福家、十河、六車、寒川、穴吹、多田羅、三井
愛媛縣	越智、兵頭、菅、玉井、曾我部、武智、神野、重松、仙波、上甲、高須賀、高市、赤瀨、薦田
高知縣	岡林、西森、安岡、中平、公文、楠瀨、森岡、下元、明神、近森、德弘、武市、國澤、古味、濱渦

九州地方的姓氏

九州也有很多人叫「**田中**」，但是叫「**山本**」的不多，反而是眾多姓「**中村**」和「**山口**」的成了當地特色。其他大姓還有北部的「**松尾**」、「**古賀**」以及南部的「**山下**」。

不過九州各縣的姓氏分布還是很不同。在「**黑木**」屬最大姓的宮崎縣裡，「**甲斐**」和「**長友**」也進榜該縣前十大。而大分縣的第一大姓「**佐藤**」和次之的「**後藤**」等多帶有東日本色彩。

前身是豐後國的大分縣內有個在源平之戰時靠攏源氏的地方勢力緒方一族，後於源賴朝和源義經兄弟起紛爭之際因協助義經逃亡而被剝奪領地，當地於是從關東移來眾多坂東武士。其中嶄露頭角的**大友**氏，在戰國時代成了統領國眾的大名，後亡於豐臣政權之下。到了江戶時代，豐後國內小藩分立，再度引發關東武士移住潮，才會導致大分縣雖然位在九州卻有著關東姓氏結構的情形，如實反映出姓氏隨人口移動產生變化的情況。

與大分縣呈對比的是鹿兒島縣和宮崎縣南部。該區域從鎌倉時代到幕末的六百年以上均由**島津**氏統管，未曾換手其他氏族，即便是江戶時代裡也由薩摩藩以獨立政策行鎖國之實，因而保留了許多獨特姓氏。宮崎縣的都城市附近過去曾是薩摩藩支藩的領地，這一帶的姓氏跟縣內其他地區迥然不同，倒有許多是跟鹿兒島縣一樣的。

該地區的姓氏有三大特徵。一是以「～moto」結尾的多寫成「～元」。當然其他縣也有叫「～元」的姓，但是除了「Akimoto」是寫成「**秋本**」或「**秋元**」之外，其他多寫成「～

本」，唯鹿兒島縣基本上寫成「~元」，例如 Yamamoto 的「**山元**」、Fukumoto 的「福元」、Matsumoto 的「**松元**」以及的 Sakamoto 的「**坂元**」。

第二是姓氏中間多夾帶「之」字。例如「**田上**」一般讀作「Tanoue」或「Tagami」，在鹿兒島「Tanoue」是寫成「**田之上**」，中間穿插了「之」字。同樣地，放眼全國絕大多數唸成「Yamauchi」的「**山內**」，在鹿兒島以「**山之內**」（Yamanouchi）為主流。其他還有「**堀之內**」和「**竹之下**」等。

第三個特徵是有許多由四個漢字組成的姓氏。大部分是像「**上加世田**」、「**下小野田**」、「**東麻生原**」、「**下西之（ノ）園**」和「**上久木田**」這樣，在三個字的地名前面加「東南西北」或「上下」等方位成為四個字的。也不乏在末尾接上方位者，如「**牟田神西**」。其他還有「**猜ヶ宇都**」、「**今久留主**」、「**小椎八重**」、「**野間川內**」等各式各樣的變化。

講到鹿兒島縣的姓氏，不能忘了薩摩藩的門割制度。

江戶時代各藩直接掌握農家個別稅賦徵收情況，唯薩摩藩不以個體戶，而是以「門」為單位來支配農民。

門割制度是薩摩藩為確保農村生產與年貢徵收而制定的特殊土地制度，把農家編制成叫「門」的單位團體，每一門各由一位長老（名頭或乙名）和幾戶農家（名子）構成。屬同一門者並不一定存在血緣關係，但一起耕種藩所配給的土地，並由藩根據每一門的情形裁定應上繳的年貢、勞務與地租。

九州的獨特姓氏

福岡縣	安永、安武、石松、藤(To)、野見山、八尋、白水、安河內、椛島、波多江、熊谷
佐賀縣	江頭、副島、大坪、岸川、脇山、陣內、南里、草場、百武、嘉村、大隈、江里口、力武、多久島
長崎縣	岩永、阿比留、高比良、深堀、朝長、下釜、鴨川、田浦、佐佐野、貞方、村里、糸瀨
熊本縣	田上(Tanoue)、古閑、赤星、有動、蓑田、井、坂梨、北里、井芹、家入、志垣、合志
大分縣	安部、首藤、衛藤、姫野、阿南、穴井、羽田野、三重野、幸、釘宮、荒金、染矢、利光
宮崎縣	黑木、長友、岩切、川越、中武、押川、濱砂、椎葉、興梠、奈須、蛯原、新名、時任、圖師、米良
鹿兒島縣	松元、福元、鮫島、岩元、大迫、瀨戶口、迫、市來、木場、假屋、榮、四元、伊地知、堂園、加治屋

豐臣秀吉發出農民繳械令（刀狩令）後，加速全國兵農分離，唯薩摩藩仍保留中世以來過去是農民後來升格武士身分的鄉士可在戰時加入士兵行列的做法，而支持該體系運作的便是門割制度。

由於每一門都有個名稱，很多農民便以門名為姓，住在同一耕地的農民有著相同姓氏，即使到現在個別聚落仍有特定姓氏集中的情形。

此外，門名不只起用自地名，也會取能帶來好運的名字，因此現在鹿兒島縣仍有很多帶「福」、「幸」、「吉」和「寶」等字的姓。

沖繩地方的姓氏

沖繩的第一大姓是「**比嘉**」、次為「**金城**」，在那之後的也全屬特殊姓氏，完全不摻雜西日本和九州地方風格。

能如此完整保留下來的原因是，沖繩和日本本島幾乎沒有交流。沖繩原是琉球王國，跟日本分屬不同國家，直到江戶時代初期薩摩藩以武力降伏琉球，將之置於自己的支配下。但當時的薩摩藩並未直接入主琉球而是透過**尚**氏王朝的尚王家間接統治，阻隔了琉球與本土直接交流的機會，在姓氏方面僅和薩摩藩有所交流。

明治維新之後，琉球雖然由日本政府直接管轄，但地理偏遠的關係，與本土的交流仍不頻繁。二戰結束後琉球歸美軍統管，再度限制和本土的交流，直到昭和四十七年（一九七二年）美國歸還沖繩後才回復自由往來。

航空運輸大眾化以及平成以後移住沖繩的人口增加，近年沖繩的姓氏產生了很大的變化，雖然還不至於威脅到排名在前的當地獨特姓氏，但「**佐藤**」和「**鈴木**」等日本本土的姓氏不斷增加。

沖繩的姓氏無不充滿獨特性，縱使明治維新之後很多人把琉球語發音改為本土風唸法，例如把本來讀作「Agarijo」的「**東門**」改成「Tomon」，「**勢理客**」也從原本的「Jicchaku」變成「Serikyaku」等，但還是有不少人保留傳統讀音，像是「**東江**」的「Agarie」、「**仲村渠**」的「Nakandakari」等。

沖繩幾個常見的土本姓氏有縣內排名第五的「**上原**」、第二十五的「**石川**」、第三十四的「**松田**」、第三十八的「**中村**」、第三十九的「**山內**」，以及第四十二的「**神谷**」。其他還有「**岸本**」、「**野原**」、「**山田**」、「**前田**」、「**平田**」、「**山川**」、「**石垣**」、「**大田**」、「**吉田**」和「**石原**」等。

沖繩姓氏的漢字也跟本土稍有不同，「城」這個字在本土出現的機率也很高，但是帶有「與」、「覇」、「那」、「當」、「儀」、「慶」、「宜」等字的姓氏多出於沖繩。

沖繩的獨特姓氏不勝枚舉，真要提的話有**新垣**、**島袋**、**玉城**、**知念**、**宮里**、**仲宗根**、**城間**、**赤嶺**、**安里**、**又吉**和**具志堅**等，許多是日本演藝界和體育界耳熟能詳的姓氏。

具沖繩特色的姓氏漢字（有重複者）

與	與儀、與古田、與座、與那城、與那霸、與那原、與那嶺
霸	伊霸、我那霸、座霸、玉那霸、與那霸
那	我那霸、漢那、玉那霸、與那城、與那霸、與那原、與那嶺
當	當間、當真、當銘、當山
儀	儀保、儀間、與儀
慶	安慶名、慶留間、瑞慶山、瑞慶覽、渡慶次
宜	宜壽次、宜野座、宜保、屋宜

可從唸法尋找發源地的姓氏

姓氏的差異除了漢字表記不同，相同漢字也有因地域別讀音不同的情形，這種情況下很多是可以根據唸法找到發源地的。

漢字相同但唸法不同的姓氏有很多，大部分是僅在某些地區使用特殊唸法，但也有像「**西川**」這樣一般讀作「Nishikawa」，屬特殊唸法的「Saikawa」並無特定地域分布的例外情形。

舉個有明顯地域關係的「**古川**」來說，該姓廣布全國各地，大部分唸成「Furukawa」，但青森縣排名第三十七的同姓讀音是「Kogawa」。

	1	2	3	4	5	6	7	8	9	10
滋賀	田中	山本	中村	西村	山田	中川	北川	木村	林	井上
京都	田中	山本	中村	井上	吉田	西村	山田	木村	松本	高橋
大阪	田中	山本	中村	吉田	松本	井上	山田	山口	高橋	小林
兵庫	田中	山本	井上	松本	藤原	小林	中村	吉田	前田	山田
奈良	山本	田中	吉田	中村	松本	井上	上田	岡本	山田	森本
和歌山	山本	田中	中村	松本	前田	林	岡本	谷口	宮本	坂本
鳥取	田中	山本	山根	松本	前田	谷口	中村	西村	山田	小林
島根	田中	山本	佐佐木	藤原	高橋	原	伊藤	山根	渡部	松本
岡山	山本	三宅	藤原	佐藤	田中	藤井	井上	小林	渡邊	岡本
広島	山本	田中	藤井	佐藤	高橋	村上	佐佐木	中村	井上	岡田
山口	山本	田中	中村	藤井	原田	伊藤	林	西村	河村	藤本
徳島	佐藤	吉田	近藤	森	田中	山本	林	大西	山田	中川
香川	大西	田中	山下	高橋	山本	森	多田	中村	松本	三好
愛媛	高橋	村上	山本	越智	渡部	渡邊	松本	田中	伊藤	井上
高知	山本	山崎	小松	浜田	高橋	井上	西村	岡林	川村	山中
福岡	田中	中村	井上	古賀	山本	吉田	佐藤	松尾	渡邊	山口
佐賀	山口	田中	古賀	松尾	中島	池田	中村	井上	江口	吉田
長崎	山口	田中	中村	松尾	松本	山下	吉田	森	山本	前田
熊本	田中	中村	松本	村上	坂本	山本	山下	渡邊	前田	吉田
大分	佐藤	後藤	渡邊	小野	河野	安部	工藤	高橋	阿部	甲斐
宮崎	黒木	甲斐	河野	日高	佐藤	長友	田中	児玉	中村	山下
鹿児島	中村	山下	田中	前田	浜田	東	山口	池田	川畑	松元
沖縄	比嘉	金城	大城	宮城	上原	新垣	島袋	平良	玉城	山城

※大分和宮崎的「河野」都唸成「Kawano」，鹿兒島的「東」是「Higashi」

都道府縣別的前十大姓氏排名

	1	2	3	4	5	6	7	8	9	10
北海道	佐藤	高橋	佐佐木	鈴木	伊藤	田中	渡邊	吉田	小林	中村
青森	工藤	佐藤	佐佐木	木村	成田	斎藤	中村	田中	高橋	三上
岩手	佐藤	佐佐木	高橋	千葉	菊池	伊藤	阿部	菅原	及川	鈴木
宮城	佐藤	高橋	鈴木	佐佐木	阿部	千葉	伊藤	菅原	渡邊	斎藤
秋田	佐藤	高橋	佐佐木	伊藤	鈴木	斎藤	三浦	加藤	阿部	工藤
山形	佐藤	高橋	鈴木	斎藤	伊藤	阿部	渡邊	加藤	後藤	五十嵐
福島	佐藤	鈴木	渡邊	斎藤	遠藤	高橋	吉田	菅野	渡部	橋本
茨城	鈴木	佐藤	小林	渡邊	高橋	木村	斎藤	根本	中村	吉田
栃木	鈴木	渡邊	斎藤	佐藤	小林	高橋	福田	石川	加藤	松本
群馬	高橋	小林	佐藤	新井	斎藤	清水	鈴木	吉田	星野	中島
埼玉	鈴木	高橋	佐藤	小林	斎藤	田中	渡邊	新井	中村	加藤
千葉	鈴木	高橋	佐藤	渡邊	伊藤	斎藤	田中	石井	中村	小林
東京	鈴木	佐藤	高橋	田中	小林	渡邊	伊藤	中村	加藤	斎藤
神奈川	鈴木	佐藤	高橋	渡邊	小林	田中	加藤	斎藤	中村	伊藤
新潟	佐藤	渡邊	小林	高橋	鈴木	斉藤	阿部	長谷川	山田	五十嵐
富山	山本	林	吉田	中村	山田	山崎	田中	中川	清水	酒井
石川	山本	中村	田中	吉田	山田	林	中川	松本	山下	山崎
福井	田中	山本	吉田	山田	小林	中村	加藤	斎藤	佐佐木	前田
山梨	渡邊	小林	望月	清水	深沢	佐藤	古屋	佐野	鈴木	田中
長野	小林	田中	中村	丸山	伊藤	佐藤	清水	高橋	宮沢	柳沢
岐阜	加藤	伊藤	山田	林	渡邊	田中	高橋	後藤	鈴木	佐藤
静岡	鈴木	渡邊	山本	望月	杉山	佐藤	伊藤	加藤	山田	佐野
愛知	鈴木	加藤	伊藤	山田	近藤	山本	佐藤	渡邊	田中	水野
三重	伊藤	山本	中村	田中	鈴木	加藤	小林	水谷	森	山口

在特定區域採特殊唸法的姓氏如下表。遇到這類姓氏時可從唸法推斷此人的出身地，例如叫「Mii」的三井桑幾乎可以斷言是來自香川縣西部。

漢字	一般唸法	地域特殊唸法
相賀	AIGA	OGA，岡山縣
安倍	ABE	ANBAI，岩手縣、秋田縣
生野	IKUNO	SYONO，大分縣
今田	IMADA	KONTA，山形縣
氏家	UJIIE	UJIKE，香川縣
江田	EDA	KODA，大分縣
及川	OIKAWA	OYOKAWA，千葉縣東部
小田切	ODAGIRI	KOTAGIRI，長野伊那地區
門田	KADOTA	MONDEN，廣島縣東部
河辺	KAWABE	KABE，東京都多摩地區 KOBE，愛知縣三河地方
河村	KAWAMURA	KOMURA，岐阜縣東部
清村	KIYOMURA	SHIMURA，群馬縣東部
小柳	KOYANAGI	OYANAGI，新潟縣
坂	SAKA	BAN，岐阜縣、愛知縣
清水	SHIMIZU	KIYOMIZU，鹿兒島縣
下野	SHIMONO	KABATA，京都府北部
高畑	TAKAHATA	KOHATA，廣島縣
中	NAKA	ATARI，鹿兒島縣南西諸島
長野	NAGANO	CHONO，佐賀縣東部
西原	NISHIHARA	SAIBARA，高知縣

秦	HATA	SHIN，大分縣
馬場	BABA	BANBA，滋賀縣、京都府
古屋	FURUYA	KOYA，大分縣
三井	MITSUI	MII，香川縣西部
盛山	MORIYAMA	SEIYAMA，鳥取縣
米田	YONEDA	KOMEDA，奈良縣南部 MAITA，東北北部

兩種唸法都很普遍的「河野」

在漢字表記相同但讀音不同的姓氏裡也有每一種唸法的獨立姓氏都屬全國大姓的，其代表性例子為「**河野**」。

現在網路上公開的眾多姓氏排名是採機械化計算漢字表記個數，因此「河野」多排在第四十六左右，但是看到「河野」時唸法卻因人而異。

「河野」源自愛媛縣，這裡是四國最早開發的地方，有個叫越智氏的古代豪族分布此地。現在「**越智**」一姓仍絕大多數分布在愛媛縣內，次之為廣島縣。

越智氏一族雖然發展出許多以地名為姓的支流，但在中世統一該族的是河野氏。源平之戰時很早就靠攏源氏的河野氏，得以在鎌倉時代擴大勢力。

現在愛媛縣裡仍有許多人姓河野，大部分唸成「Kono」。與愛媛縣在姓氏方面有深度交

「河野」唸法的差異

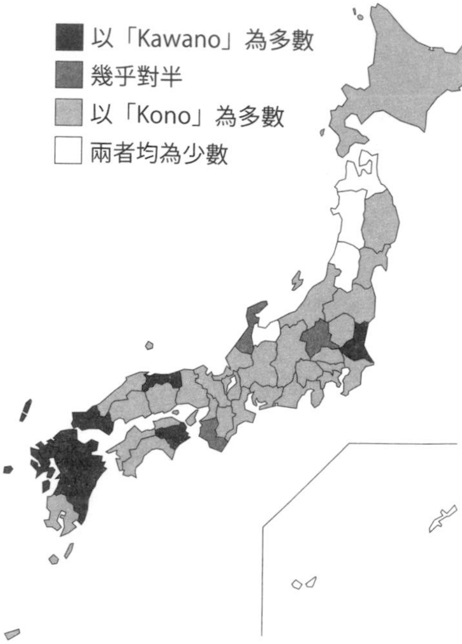

流的廣島縣也以「Kono」為主。

但是就在離愛媛縣不遠的德島縣和宮崎縣內，同樣是「河野」絕大多數叫「Kawano」。介於愛媛縣和宮崎縣中間的大分縣也有逾七成是「Kawano」、近三成是「Kono」，而這近三成的人口又是繼愛媛縣、廣島縣和東京都之後排名第四者。

比起關西，東日本的都道府縣除了茨城縣，多把「河野」唸成「Kono」，在各縣的占比約是六到八成，亦不乏像福井縣和山梨縣這樣超過九成的。

也就是說，源自愛媛縣的「河野」本來的讀音是「Kono」，但在發源地周邊起變化成了「Kawano」，又在離發源地更遠的地方沿用原本的讀音。

就全國而言，叫「Kono」的占百分之五十三、排名第一八六；「Kawano」占百分之四十七，排名第二二一。雖然「Kono」略占上風，但也可兩者說幾近各半，形成均衡對比。

東西日本唸法不同的姓①「東」

讀音分歧的姓氏裡，有的是屬東、西日本唸法差異者。

繼「河野」之後另一個唸法分歧的主要姓氏為「**東**」，屬方位由來，指的是從本家或聚落方向來看，位在東側的人家。

「東」有「Azuma」、「Higashi」和「To」等唸法。叫「To」的極少，一般叫「Azuma」或「Higashi」，而且勢力相當。就全國來看，有百分之五十七是「Higashi」，略勝於百分之四十三的「Azuma」。

其實「Higashi」和「Azuma」的意思有點不同。「Higashi」單純指以某個基準為中心的東方，即住在什麼的東側。而「Azuma」除了東邊，還有另一層含義是過去住在京都的貴族把京都往東一帶稱為「Azuma」；另有一說是把鈴鹿關以東的東國統稱為「Azuma」。因

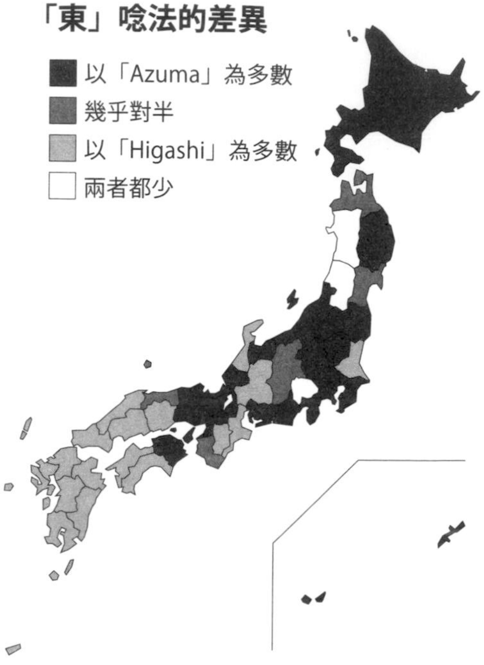

©Hiroshi MORIOKA

此把「東」唸成「Azuma」的多在近畿以東，而中國地方以西則以「Higashi」占壓倒性多數。

這跟「河野」的情況不同，「東」的分布也反映出讀音背後蘊藏的不同含義。

東西日本唸法不同的姓② 「上」

也有意思並無不同，單純是在東西兩地唸法有差異的姓氏。

在日本有很多「上」字開頭的姓氏，如「**上田**」、「**上野**」和「**上原**」等，這幾個姓無論在哪幾乎都以「Ue～」的讀音為主流，唸成「Ueda（Ueta）」、「Ueno」和「Uehara」。但也有因地域別，把「上」字分成「Ue～」和「Kami～」兩種的。

舉例來說，在新潟縣和熊本縣很多人姓「**上村**」，但在新潟縣有百分之九十八是叫「Kamimura」，在熊本縣則有百分之九十六叫「Uemura」；擴及東、西日本，也各以「Kamimura」和「Uemura」為主流。但是屬西日本的鹿兒島縣和宮崎縣又以「Kamimura」為多，而東日本的青森縣和秋田縣有比較多是叫「Uemura」，形成列島兩端讀音逆轉、令人不解的情形。

「**上岡**」也在東日本以「Kamioka」的稱呼占絕大多數，在西日本則有約七到八成叫「Ueoka」，但在同姓最多的高知縣內雖然地屬西日本卻以「Kamioka」為主。

同樣地「**上山**」也分成東日本是「Kamiyama」、西日本是「Ueyama」兩種唸法。「**上島**」的話是西日本大多唸成「Ueshima」，但東日本是「Ueshima」和「Kamishima」約占各半。

「**上西**」的情況是本來就集中在關西和鹿兒島縣，很少出現在其他地區。除了滋賀縣的唸法特殊叫「Jonishi」之外，關西地區幾乎全以「Uenishi」來稱呼，而九州的鹿兒島縣則大概不出「Kaminishi」的唸法。

「**上坂**」是常見於關西和青森縣的姓氏，各以「Uesaka」和「Kamisaka」的稱呼為主，但在滋賀縣最多是唸成「Kosaka」，明顯是受到縣內相同地名讀音影響，亦屬獨特唸法。

「上」字開頭的姓氏有許多是地形由來的關係，發源地也分散各地。因此「上～」究竟要發什麼音，是取決於每個地方出現同類姓氏時是怎麼唸的，說來就跟方言一樣。

總歸來說，東日本多把「上」唸成「Kami」，西日本是「Ue」，但西日本的鹿兒島縣和高知縣跟東日本一樣唸成「Kami」，其他也有像滋賀縣是使用「Jo」和「Ko」等特殊唸法的。

東西日本唸法不同的姓③「谷」

繼「上」之後，另一個兩地讀音差異的知名姓氏是後接「谷」字者。

以地名來說，關西叫「～谷」的地方大多像JR大阪環狀線的桃谷（Momodani）站一樣唸成「～tani（dani）」。反之關東以澀谷（Shibuya）和日比谷（Hibiya）為例，一般唸成「～ya」。多從地名而來的姓氏，在讀音上同樣也是西日本多「～tani（dani）」，而東日本以「～ya」為主。

「**岩谷**」在西日本分布最集中的是鳥取縣，有九成九是叫「Iwatani」，在東日本最集中的青森縣卻有百分之九十三叫「Iwaya」。而且從西向東到三重縣為止多叫「Iwatani」，三重縣以東則以「Iwaya」為主流，跟全國的東西分界線是一致的。

當然也不是所有叫「～谷」的讀音變化都以此為基準。

以「**松谷**」來說，東京有七成是讀作「Matsutani」，關東也以「～tani」為主流。但在同姓人口集中的青森縣裡有四分之三是叫「Matsuya」，剩下的四分之一才是「Matsutani」。

「**荒谷**」在東京是「Aratani」和「Araya」各半，自關東北部往北「Araya」的比例增加，直到同姓人口大量集中的青森縣裡幾乎百分百都叫「Araya」。也就是說，「松谷」和「荒谷」等姓的「谷」字讀音分界線是在北關東附近。

其實青森縣有很多叫「～谷」的姓，而且絕大多數唸成「～ya」。

總歸來說，「谷」字結尾的姓氏，越是往東（北）唸成「～ya」的就越多，往西「～tani」越多，但其分界有的是在日本中央、有的是在關東地方，沒有絕對。

而「**澀谷**」又是個特殊的例外。

「澀谷」這個姓屬桓武平氏一族，源自神奈川縣茅崎市一個叫澀谷（Shibuya）的地方。該族在鎌倉時代受領當今東京澀谷車站附近的土地而把這一帶稱為澀谷。

因此「澀谷」本來就唸成「Shibuya」，在西日本也多沿用相同讀音。但不知為什麼，集中在日本本島最北端之青森縣西部的「澀谷」竟成了「Shibutani」。全國各地包括西日本都使用「Shibuya」的稱呼，怎麼會在以「～ya（谷）」為主場的青森縣反而成了「～tani」呢。

讀音無規律可循的「小」

「小」字開頭的姓氏讀音有兩種，一是「O～」、另一是「Ko～」，但分布複雜。以「**小關**」來說，西日本多唸成「Ozeki」，東日本以「Koseki」為主流。雖然愛知縣內以「Ozeki」居多，跟全國東西分界線稍有偏離，但仍維持東西日本讀音不同的情況。

不過可別這樣就以為「小～」的讀音區分很單純。

「小」字開頭的最大姓是全國排名第九的「**小林**」，即耳熟能詳的「Kobayashi」，這時「小」唸成「Ko」；其次為排名第三十一的「**小川**」，發成「O」叫「Ogawa」，排名第五十二的「**小野**」（Ono）也是發成「O」。由此可知，「小」字就算在唸法始終如一的姓氏群（例如小林只叫 Kobayashi）裡，讀音也不固定。

再舉排名第八十八的「**小島**」為例，幾乎全國各地都用「Kojima」稱呼，但在岩手縣、宮城縣和高知縣多叫「Ojima」，在茨城縣也有逾四成是叫「Ojima」。其他如兵庫縣的篠山市和宮城縣名取市等，也有「Ojima」集中區域分散各地。

「**小山**」的情況就更複雜了，全國有百分之八十五叫「Koyama」，僅百分之十五叫「Oyama」。但是就歷史來看，知名的下野國（栃木縣）戰國大名小山氏叫「Oyama」，現在在東北北部和熊本縣也以「Oyama」居多，在福岡縣也是比例各半。

「**小原**」是「Ohara（Obara）」跟「Kohara（Kobara）」的比例正好是三比一。在東

北和新潟縣有九成以上是叫「Ohara」，在其他地區大致是眾多的「Ohara（Obara）」裡摻雜少數的「Kohara（Kobara）」，但在長崎縣和山口縣是以「Kohara」為主流。

「**小口**」主要集中在長野縣和關東北部，在長野縣叫「Oguchi」，在關東北部叫「Koguchi」。「**小瀨**」的地域分布跟「小口」類似，主要集中在岐阜縣和茨城縣，但在緊鄰長野縣的岐阜縣內叫「Kose」、在關東北部的茨城縣叫「Oze」，「O」和「Ko」正好對調。

「**小村**」在全國同姓人口最集中的島根縣裡以「Omura」的稱呼占壓倒性多數，在其他縣則多為「Komura」。同樣地，「**小濱**」在全國最集中的鹿兒島縣叫「Obama」，在其他縣是以「Ohama」的稱呼為主流。

「**小高**」主要集中在東京都和與之相鄰的千葉縣，但讀音完全不同，在東京都有七成是叫「Kotaka」，在千葉縣有百分之八十六是叫「Odaka」。

同樣集中在關東地區的「**小沼**」，在同姓人口最多的茨城縣裡有百分之九十七叫「Onuma」，但在其他縣是「Onuma」和「Konuma」各半，在茨城縣隔壁的栃木縣裡反而「Konuma」多於「Onuma」。

集中在狹小的岐阜縣南部、愛知縣北部和長野縣南部一帶的「**小木曾**」，也僅是岐阜縣的東濃地方以「Kogiso」稱呼，其他區域則叫「Ogiso」。但讀音不同並不表示兩者分屬不同來源，「Kogiso」和「Ogiso」都是平安時代末期從木曾逃來的信濃源氏武將木曾義仲的遺孤的後裔。

「小」字開頭的姓氏特徵在於，少有「O」和「Ko」人數對半的情形，大部分是哪個偏多的情況，而且會因下接的漢字產生「O～」和「Ko～」的讀音變化。此外，「小～」的讀音也不受東西分界線影響，而是在特定的縣和區域產生變化，形成謎樣的分布狀態。

「菅」的唸法

造成讀音不同的原因很多。

「**菅**」的讀音有個很大的特徵——愛媛縣屬此姓的人口占壓倒性多數，而且有百分之九十六以上叫「Kan」，剩下的叫「Suga」；在該姓人口次多的山形縣也有百分之九十二是叫「Kan」。光看這兩組統計會讓人以為「菅」普遍唸作「Kan」。

但是再看到其他都道府縣，情況逆轉成「Suga」的讀音占壓倒性多數。除了熊本是「Kan」多於「Suga」，其他縣內多是「Suga」占七成以上，因此全國加總叫「Suga」的超過半數。這說明了，在某個姓氏人口集中地區裡占壓倒性多數的稱呼方式，不代表該讀音在全國也占多數。

其實「菅」的讀音背後隱含了起源的不同。唸成「Kan」的時候，多屬**菅原**氏後裔。菅原氏又稱「菅家」（Kanke），所以子孫多取「菅」（Kan）為姓。

反之唸成「Suga」的時候，多來自一種叫「Suge」的薹草屬植物（學名：Carex）。

蔓草生長於水邊，莖可用來編織斗笠等，屬生活周遭常見植物，因此日本大部分的菅桑叫「Suga」，而菅原氏後裔所在的幾個縣內才是以「Kan」為主流。

發源地讀音不同於其他地區的「玉置」

其他還有幾個姓跟「菅」一樣有著「同姓人口集中地區的主要讀音不同於全國多數唸法」的情形，但「**玉置**」的理由比較特殊。該姓主要集中在和歌山縣，其次是奈良縣，其他則是越偏離和歌山縣越少見，到了東北和九州一帶還成了罕見姓氏。

以讀音來說，「玉置」在和歌山縣有百分之九十九以上是叫「Tamaki」，在奈良縣亦是如此，而大阪府、兵庫縣以及隔海相望的德島縣也有七到八成是採同樣稱呼。京都是「Tamaki」和「Tamaoki」各半。但在前述以外的地區，用「Tamaoki」稱呼者占絕大多數。

「玉置」是古代氏族的姓，源自和歌山縣牟婁郡玉置（和歌山縣新宮市熊野川町），原來讀作「Tamaki」。在和歌山縣附近「玉置＝Tamaki」雖然是種普遍認知，一旦到了同姓人口較少的地區，他人很難把「玉置」反應成「Tamaki」，總是循漢字讀音唸成「Tamaoki」，導致許多玉置桑把讀音改為「Tamaoki」。

因此全國唸成「Tamaoki」的地區占壓倒性多數，但同姓人口高度集中在和歌山縣的關係，全日本仍有四分之三的玉置桑叫「Tamaki」。

相同情況也發生在「**茂木**」這個姓。「茂木」是源自下野國芳賀郡茂木（栃木縣芳賀郡茂木町）的藤原姓**八田**氏後裔，現在集中在群馬縣南部到埼玉縣北部一帶，姓氏多循原本的發源地稱呼唸成「Motegi」，但在其他地區以接近漢字讀音的「Mogi」為主流。不同的是，在發源地的栃木縣裡姓「茂木」的人口不那麼多，因此全國加總叫「Mogi」的超過半數。

其他還有源自佐賀縣、在縣內叫「Jinnouchi」，在其他縣叫「Jinnai」的「**陣內**」，以及在栃木縣叫「Sotome」，在其他縣叫「Saotome」的「**早乙女**」和「**五月女**」等。

正宗讀音反成少數派的「東海林」

原來的讀音變成少數的還有個叫「**東海林**」的姓，不過「東海林」的情況跟「茂木」又有點不同。

說起「東海林」這個姓，幾乎所有的日本人都會毫不猶豫地唸成「Shoji」——這不是跟漢字完全沾不上邊嗎？其實「東海林」原是山形縣的姓氏，唸成「Tokairin」。現在同姓人口最集中的地方仍是山形縣，有百分之九十一唸成「Tokairin」，唸成「Shoji」的僅百分之九。源自山形縣的東海林一族後來移到現在的秋田縣南部，成為管理莊園的「莊司」（日語發音：shoji），姓氏讀音也跟著改為「Shoji」。

現在秋田縣是繼山形縣之後「東海林」最集中的縣，毫無例外都叫「Shoji」（超過百分之九十九）。靠近山形縣和秋田縣的宮城縣是「Shoji」和「Tokairin」各半，這三縣加總「東海林」的人口超過全國同姓人口半數以上。

其餘的一半主要分布在東日本，逾八成讀作「Shoji」。因此全國統計下來，叫「Shoji」的占百分之五十七，循漢字讀音理當更容易理解的正宗唸法「Tokairin」反而比較少，占百分之四十三。因此如果不特意介紹自己的姓氏唸法，絕大部分的「Tokairin」桑都會被叫成「Shoji」桑。

「茂木」和「玉置」是在發源地以外的地區偏向使用漢字讀音，而「東海林」的情形正好相反。

從唸法就能知道出身地的「寒川」

日本有個叫「**寒川**」的姓，因為不是那麼普遍，可能也有很多日本人不曾看過此姓。那麼，知道和不知道這個姓的日本人又是怎麼唸「寒川」這兩個字的呢？

「寒川」多集中在和歌山縣與香川縣，最多的是和歌山縣，縣內有個同名唸作「Sogawa」的地方，自古有寒川氏一族存在，現在也大多唸成「Sogawa」。另外，香川縣內也有一個寫成「寒川」叫「Sangawa」的地方，同樣也是自古有寒川氏存在的關係，現在縣內同姓人口大多用「Sangawa」稱呼。

德島縣是第三個「寒川」集中的縣。在跟香川縣之間有讚岐山脈橫跨、挾紀伊水道與和歌山縣相對望的德島縣，「寒川」既不叫「Sangawa」也不叫「Sogawa」，而是循漢字讀音唸成「Kangawa」。這三縣以外少有同姓人口存在，有的話也多以訓讀的「Samukawa」來稱呼。

因此，從唸法有很高的機率可以猜中寒川桑的出身地。

唸法繁雜的「角」

「角」這個漢字多唸成「kaku」或「tsuno」，但是用在姓氏時還多了「Sumi」和「Kado」等讀音。

單姓的「**角**」，主要分布在以山陰為中心的西日本一帶，絕大多數唸作「Sumi」，尤其在同姓人口聚集的鳥取縣、島根縣和福岡縣裡，有九成以上都這麼叫。但在同姓人口次於山陰的北陸，則有六成以上唸作「Kado」，次為「Kaku」和「Sumi」。就全國而言，「Sumi」占了約七成、「Kado」逾二成，「Kaku」也有百分之七左右。

可見單姓時讀音也會因地而異，但更麻煩的還在後頭，在「角」下面接別的字時又會出現不同的地域性差異。

「角」字開頭的最大姓是「**角田**」，這時「角」普遍讀作「Tsuno」而非「Sumi」，在

「角田」最集中的群馬縣裡，有百分之九十八是唸作「Tsunoda」。在茨城縣以外的關東地區，有六到七成是唸成「Tsunoda」，次之為「Kakuda」約二到四成；茨城縣是該區唯一「Kakuda」過半數者。東北以北除了福島縣和宮城縣，其他縣內也是「Kakuda」占多數。

在西日本，「角田」的唸法變得相當分散。在鳥取縣和熊本縣有逾八成是讀作「Tsunoda」、佐賀縣有九成是「Sumida」，而北陸三縣的富山、石川和福井又有八成以上是「Kakuda」，其他府縣則摻雜了「Kakuda（Kakuta）」、「Kadota」、「Sumida（Sumita）」和「Tsunoda」。

全國統計下來，「Tsunoda」最多（百分之五十六）、「Kakkuda」（百分之三十二）次之，其他依序為「Sumida」和「Kadota」。

集中在關西地區的「**角野**」，也許是因為「Tsunono」唸起來怪怪的而分成「Kakuno」、「Kadono」和「Sumino」三種讀音，但無一過半數。

在「角」的下面接「谷」字變成「**角谷**」的話，由於「谷」有「tani」和「ya」兩種唸法，組合又更多元化了。較多的有屬最大宗但也不及四成的「Sumiya」，以及各在的三成以下的「Kakutani」和「Kadoya」三者，其餘的像是「Kadotani」和「Sumitani」都不到百分之四。

說起「**角川**」，日本角川書店的名氣讓許多人把它唸成「Kadokawa」，其實還包括「Kakukawa」、「Sumikawa」和「Tsunokawa」共四種讀音但無一過半。最多的是「Tsunokawa」，而「Kadokawa」是角川書店創始人角川源義的出身地，富山縣的獨殊唸法。

其他如「**角尾**」、「**角崎**」、「**角村**」、「**角山**」和「**角屋**」等姓的「角」字，最多是唸成「Kado」，但個別姓氏的任何一種讀音均未過半數。

總的來說，「角」這個漢字，在單姓的情況下絕大多數唸成「Sumi」，下接「田」字時唸成「Tsuno」，如果接的是「谷」等其他字的話又會分成「Kaku」、「Kado」、「Sumi」和「Tsuno」四種唸法，不傾向單一集中。

帶「新」字的姓氏

「新」開頭的姓氏就跟「**新井**」（Arai）、「**新橋**」（Shinbashi）和「**新山**」（Niiyama）一樣，可分成「Ara～」、「Shin～」和「Nii～」三種讀音，遇到「**新田**」時還會起音變成了「Nitta」。對日本人來說什麼情況下發什麼音是再自然不過的事，對外國人而言讀音變化是種語言學習障礙。不過也不完全如此，還是有像茨城縣南部的「新橋」唸成「Nippashi」、鹿兒島縣有一部分的「新田」唸成「Shinden」這種讓日本人也跌一跤的特殊情形。

「新」開頭的姓下接「谷」時也會出現更多變化。在「**新谷**」集中的關西到山陽地方一帶，絕大多數唸成「Shintani」，在東日本最多同姓人口集中的青森縣則幾乎以「Araya」稱呼。北陸最多的叫法是「Shintani」，但「Aratani」和「Shinya」也不少。西日本的話，在岡山縣是「Shintani」和「Niiya」、香川縣是「Shintani」和「Niitani」兩立的情況，但在高知縣「Niiya」占大多數。就全國而言，「Shintani」占七成以上，其他依序為「Araya」、「Niiya」、

「Shinya」、「Niitani」和「Aratani」。

此外，單姓「**新**」的情況下，最多的是「Atarashi」、次為「Shin」，第三是「Arata」。

「原」的唸法

以「原」結尾的姓氏也很多，屬地形由來者多唸成「～hara」，在主要姓氏裡則分成「～hara」跟「～wara」兩種。

以「原」結尾的最大姓是歷史名門四姓之一的「**藤原**」，即「Fujiwara」。現在大部分的藤原氏仍承襲「Fujiwara」的讀音，但在山梨縣、大阪府南部和鹿兒島縣這三個地方是以「Fujihara」為主流。山梨縣有百分之八十六、鹿兒島縣有逾八成的「藤原」都以「Fujihara」稱呼，唯鹿兒島縣本身同姓人口不多。反倒是大阪府姓「藤原」的，在南部叫「Fujihara」，但「Fujiwara」超過全體七成，占壓倒性多數。

就全國統計來說，唸作「Fujihara」的約八分之一。不過，姓藤原的實在太多，就算只有八分之一仍位居全國第五二五名，加總「Fjiwara」的話則進入前五十大。僅是「Fjiwara」的話也排在第五十八。

再看到「**萩原**」，把「原」唸成「hara」的地區比較多。該姓廣布全國各叱，尤其集中在關東地區，其中有九成以上是以「Hagiwara」稱呼。在東日本，「原＝wara」的讀音占壓倒性多數，唯一例外的是山梨縣，有近八成的「萩原」唸成「Hagihara」。在西日本是「Hagiwara」和「Hagihara」混在的情形，但在鹿兒島縣有九成以上是唸作「Hagihara」。就全國而言，「Hagiwara」和「Hagihara」的比例是八比二，後者雖然僅占兩成，可也是進榜一千大的主要姓氏。

「**荻原**」跟「萩原」字形相似，很容易被認錯，但前者原本就集中在關東甲信地區，在其他地方很少見。在山梨縣「荻原」絕大多數唸成「Ogihara」，在其他都縣則是「Ogihara」和「Ogiwara」兩相對立，在全國統計也是幾乎對半的情況。

其實，山梨縣內以「原」結尾的姓氏幾乎都唸成「～hara」，不只是此前介紹的「藤原」、「萩原」和「荻原」，連「**梶原**」也是「Kajihara」遠多於「Kajiwara」。這可能是一種方言的表現方式，但原因仍不明確。

是否用濁音發音

東、西日本還存在著一種讀音有著微妙差異的姓氏。

「**山崎**」這個姓，在東日本很多人認為是叫「Yamazaki」，在西日本「Yamasaki」的唸法才是主流。一般來說，叫「Azuma」的**東**桑被人叫成「Higashi」的時候一定會訂正對方的發音，但是把「Yamasaki」的山崎叫成「Yamazaki」的時候卻很少遭到對方訂正，因此極少人會察覺自己在發音上的失誤。

從根據五十音排列的電話簿和名冊等資料來看，也很難判斷應該唸成「Yamasaki」還是「Yamazaki」。舉例來說，在「山內、山川、山口、山崎、山下、山田」姓氏排列的情況下，沒有特別標註讀音的話根本無法確認這裡的「山崎」是「Yamasaki」還是「Yamazaki」。

但還是可以從大都市的電話簿裡做某種程度的推測。根據我的調查，東京二十三區有百分之九十八的「山崎」是唸成「Yamazaki」，西日本的廣島市則有百分之九十七是採不發濁音的「Yamasaki」，又關西是「Yamasaki」和「Yamazaki」混在的情形，因此「Yamasaki」可說是中國地方以西的唸法。

同樣情形也出現在「**中島**」這個姓。有人確信它一定唸成「Nakajima」，但在九州基本上唸成「Nakashima」，在山口縣也絕大多數是「Nakashima」，在四國卻是以濁音的「Nakajima」為主流。因此「中島」發濁音的分界線比「山崎」還要偏西。

基本上西日本傾向發清音而東日本傾向發濁音。這種現象不僅反映在姓氏，針對「研究所」一辭，東日本多以濁音標註為「kenkyujo」，而西日本多寫成清音的「kenkyusho」。

此外也有單一縣內同時存在多種讀音的姓氏。

宮崎縣是全國唯一「**黑木**」登姓氏榜首的縣。該姓未能進榜全國前一百大，卻在宮崎縣榮登榜首，是極為特殊的例子，也讓該縣的姓氏排名結果大放異彩。

日本有近半數的「黑木」至今仍分布在宮崎縣內，讀音分成「Kuroki」和「Kurogi」，兩者為數均多。黑木是指針葉樹，特徵是冬季不掉葉，到了秋天仍一片黑壓壓而被稱為「黑木」，但宮崎縣內針葉林並不茂盛，可能是把陡峭山坡上繁茂的樹林模樣稱為「黑木」而有了該姓的稱呼。「Kuroki」和「Kurogi」雖然讀音有異但來源相同，而且同一縣內的方言也不會差到哪去。一般多唸成「Kuroki」。

其他還有像是青森縣的獨特姓氏「**相內**」分成「Aiuchi」和「Ainai」兩種讀音，福岡縣的「**武末**」和「**待鳥**」各有「Takesue、Takematsu」和「Machidori、Matsudori」之分。

漢字寫法的差異

誠如第91頁介紹的，「Saito」這個姓有很多種寫法，主要分成「**斎藤**」、「**斉藤**」、「**齋藤**」和「**齊藤**」四種，現在「斎藤」占絕大多數，次為「斉藤」；叫「齋藤」的也不少，但「齊藤」就沒那麼多了。

有趣的是這四個姓有著如左頁圖示呈現的分布傾向，「斉藤、齊藤」多分布在西日本，「斎藤、齋藤」多在東海到關東以北。

但是在許多從東北、北陸和四國遷居而來的北海道裡，叫「斎藤」和「斉藤」的都很多，排名各是第十一和第十九，反映出北海道的開拓史。此外，在以「斉藤」為主流的西日本裡，福井縣反以「斎藤」占壓性多數，這是因為 Saito 一族起源於福井縣，有較多人保留原來寫法的關係。

倒是西日本很多不採原本寫法的原因仍是個謎，一般來說西日本有偏好簡化後的漢字表記的傾向。

第4章——尋根的彼岸

本章登場的日本姓氏（保留原文、依揭示順序排序、省略重複者）

渡辺　清水　阿部　安部　安倍　阿辺　安陪　阿倍　鈴木　長谷川　沙魚川　櫨川　東海林　八月一日　四月一日　八月朔日　四月朔日　指原　佐志原

日本人的姓氏獨步全球

現代日本人各有一個由單一姓氏與名字組成的姓名，即使有人因為結婚或是被收養而改姓，也有人使用本名以外的藝名或筆名稱呼，但無論如何，戶籍裡登記的姓名只有一個。讀者或許覺得這是理所當然的事，放眼全球卻屬特殊。

以美國第四十五任總統川普的正式名稱為例——唐納．約翰．川普（Donald John Trump），是由單一姓氏「川普」和兩個名字構成，夾在首尾字中間的「約翰」是予名（又叫中間名），在歐美是很普遍的現象。在西班牙語和葡萄牙語圈裡，正式姓氏是由父姓加母姓組成的複姓。許多歐美國家認同複姓制度，也有結婚後加冠配偶姓氏成為複姓的，例如二〇一六年美國總統大選裡敗給川普的希拉蕊，仍保留舊姓「羅德翰」而以希拉蕊．羅德翰．柯林頓（Hillary Rodham Clinton）為正式稱呼。

反之，東南亞的姓氏制度是直到近年才形成，不過緬甸這個國家至今仍無姓氏，諾貝爾和平獎得主翁山蘇姬女士的英文表記為Aung San Suu Kyi，是由父親同時也是緬甸人民尊為國父的翁山將軍（Aung San）、祖母（Suu）和母親（Kyi）的名字組成，四個字裡無一為姓。

泰國雖然在近代導入姓氏制度，但在日常生活裡不會用到姓氏。例如泰國第一位女首相全名是盈拉．欽那瓦（Yinglak Chinnawat），由於泰國是引進英國的姓氏制度，所以盈拉是名，欽那瓦是姓，但是在日本也時有耳聞的稱呼是首相盈拉。

中東地區也沒有所謂的姓氏概念，是以部族、祖父、父親和自己的名字等組成一長串名字。

相對之下，中國除了西域少數民族，基本上是由單一姓氏和名字組成，自古從中國導入姓氏制度的日本和韓國也是如此，形成東亞的中國文化圈的特色。

但日本與中國、韓國之間存在著決定性差異。一是姓氏種類。韓國逾五千萬人口裡僅有不到三百種姓氏，中國的情況雖不明確，但漢族近十億人口裡姓氏種類卻只有數千種。反觀日本近一億三千萬人口裡竟存在十萬種以上的姓氏。

另一個差異在於，相同漢字表記的姓氏在中韓兩國各只有一種讀音，在日本卻存在著數種可能性的現象。

從這幾個層面來看，日本人的姓氏可說是獨步全球。其獨特性源自日本文化，因此尋找姓氏起源也等同探尋日本文化。

姓氏和漢字的問題

排除近年歸化日本國籍的人不說，日本人的姓氏原則上以漢字表記，而且很多還是學校裡沒學過的艱澀漢字。

有的漢字分成多種寫法，例如「**渡邊**」的「邊」很多寫成「辺」，也有寫成「邉」的。許多日本人認為「邊」和「辺」是不同的字，用「難寫的邊」和「簡單的邊」來區分，其實兩者不過是新舊字體的差異罷了（邊是舊字體）。而「邉」是「邊」的異體字，也屬同一漢字。在沒有活字印刷的時代裡，筆劃複雜的漢字通常會因為寫字習慣和書寫錯誤造成形狀小有差異，針對其中經常被拿來使用者以「異體字」稱之，視為一般通用漢字。因此，新舊字體和異體字所造成的差異跟姓氏起源完全無關。有人說「使用舊字體的才是有歷史淵源的」，這不過是明治初期登錄戸籍時寫的人究竟用哪個字表記的不同而已。

新舊字體差異還算小事，江戸時代以前的人似乎還把「島」、「嶋」和「嶌」等視為同一漢字（參見P.70），也有明明是同族，親子和兄弟之間卻使用不同漢字的。

即使到了現代，在電腦還未普及之前，有許多人戸籍裡登記的是舊體字，寫法複雜的關係在日常生活裡多用簡化後的漢字。等到文字處理機上市，可簡單輸入舊體字後，使用舊體的比例又一下增多，但有漢字字數限制的關係，異體字等使用情況不像現在這麼頻繁。

後來出現了主要由歐美制定的萬國碼UTF-8，能無視漢字原意、根據外觀給予不同編碼，在電腦上打出各種異體字，結果造成在意漢字微妙差異的人增加，異體字的使用頻繁度也隨之上升。

如同第一章介紹的，「齊藤」的「齊」有很多種寫法，但多數是因為書寫習慣和書寫錯誤造成，不影響其來源。在毛筆書寫的時代，筆劃長度的微妙差異是出於無心而非特意拉長，再說也沒幾個人能像活字印刷一樣每次都寫得一模一樣。

當然，「齊」字以外還有很多存在類似微妙差異的漢字，平成以後隨戶政電腦化，在取得本人同意下這些漢字也漸漸回歸到原本的寫法。

後來才取的漢字

許多日本的姓氏有著特殊唸法，尤其是地形由來者經常會出現跟漢字讀音不同的情況。例如「**清水**」這個姓，在全國排名第二十，任誰都會唸成「Shimizu」。但「清」這個漢字的音讀是「sei」和「sho」，訓讀是「kiyo」，循漢字讀音「清水」應該唸成「Kiyomizu」或「Seisui」才對，在這裡卻把「清」讀作「shi」變成「Shimizu」。

為什麼會出現這種情形？這跟日語和漢字歷史有關。始於中國的漢字是在六世紀左右傳到日本的，在那之前日本當然也有自己的語言叫「大和言葉」（以下以「和語」稱之），後來也借用漢字表記。

舉「清水」的例子來說，這是個地形由來的姓氏，表示山中湧出的清泉，在和語叫「Shimizu」，後來借用漢字表記時取「清澈泉水」之意，寫成「清水」，「清」於是唸成「shi」。

也就是說，和語的「Shimizu」在借用漢字之初，並非取其讀音而是取其字義而來。

叫「Abe」的姓也很多，用漢字表記時有全國排名第二十三的「**阿部**」、第二六〇的「**安部**」和一九〇〇多名的「**安倍**」；另有排在一萬名左右的「**阿邊**」和「**安陪**」，以及古代豪族的「**阿倍**」。

之所以出現這麼多漢字寫法，也是因為「Abe」是和語的關係。Abe一族起源於大和國內叫Abe的地方，在漢字傳到日本以前就已經有古代豪族Abe氏存在，爾後才借用漢字表記。但是跟「清水」不同的是，Abe是循漢字讀音表記，才會出現這麼多種寫法。古代多寫成「阿倍」和「安倍」，近世之後多寫成「阿部」。

像這種先有和語稱呼後來才套用漢字的姓氏，在探尋來源的時候，不應一味考究漢字原意。就像和語的「susuki」是稻叢的意思，借用「**鈴木**」表記時「鈴」這個字跟稻叢並沒有關係，所以想要了解「阿部」的由來，再怎麼努力徹查「阿」和「部」的漢字意思與演變過程也是白費功夫。

同樣地，許多地名由來的姓氏也跟漢字的原意無關。在中國和韓國，單一漢字原則上只有一種讀音，但日本在導入漢字之初就有借用漢字不為其音而是取其字義來表達和語的做法（即漢字搭配訓讀），使得當時的人對於同一漢字唸法分歧的情況見怪不怪，也就衍生出音讀、訓讀併存的情形，在之後也陸續出現和漢字讀音不符的姓氏。

全國排名第三十四的「**長谷川**」（Hasegawa）便是其中一例。該姓源自流經奈良縣北部的初瀨川，在櫻井市形成東西走向的山谷，便取「長谷裡的河川」之意寫成「長谷川」。又因附近的長谷寺頗有名氣的關係，把「Hasegawa」寫成「長谷川」的人於是增加。日本人對於「Hase＝長谷」的寫法不以為意，「長谷川」也就成了「Hasegawa」的主流寫法。

當然，如果不知道奈良的長谷川就無從將「Hasegawa」寫成「長谷川」，於是有人借用鰕虎魚亞目的「沙魚」（haze）寫成「沙魚川」，也有人借漆樹類的「櫨」（haze）寫成「櫨川」。舊式的假名（日文字母）不標示濁音的關係，「**沙魚川**」和「**櫨川**」用假名表記時唸起來就跟「長谷川」一樣。可惜的是「沙魚川」和「櫨川」的寫法未能普及開來，不知不覺地「長谷＝Hase」（參見P.39）就成了常識。但也很難說明究竟什麼才叫常識。「長谷川」在時代的演進下成了「Hasegawa」的普遍寫法，但也有未能形成普遍認知的姓氏。

例如之前提到的「東海林」這個姓在四十歲以上的日本人之間理所當然唸成「Shoji」，但仔細想想，跟漢字讀音如此乖離的姓氏還真少見。

回顧本書第198頁的內容，全國最多「**東海林**」的地方是山形縣，全日本約三分之一的同姓人口集中在此，而且絕大部分循漢字讀音唸成「Tokairin」。「東海林」在山形縣內排名第四十九，屬當地的大姓之一，歷史上也記載了從很久以前就有東海林氏的存在，因此「東海林」原來的讀音為「Tokairin」。

東海林氏一族後來成了管理莊園的「莊司」，在沿用原本的寫法但發音改成跟莊司一樣的「Shoji」之下，造成漢字表記和讀音完全對不上的情形。

該東海林氏管理的莊園是出羽國的竹島莊，出羽國在明治維新之後被分成秋田縣和山形縣，東海林一族的根據地在山形縣內，但竹島莊被劃入秋田縣內，因此住在山形縣的東海林氏大部分叫「Tokairin」，住在秋田縣內的叫「Shoji」。

「東海林＝Shoji」之所以成為全國普遍認知的契機，來自於秋田縣出身的昭和時代歌手東海林太郎。由於當時的人不知道「東海林」還可以唸成「Shoji」，這名歌手便以「莊司太郎」的名義參加試鏡但落榜了，後來以本名在東京首度登台演出，並在姓氏上方加註讀音進行宣傳。

唱歌時挺直不動的身軀令人留下深刻印象的東海林太郎，相繼推出了「赤城的搖籃曲」等暢銷歌曲成為國民巨星，戰後仍活躍於歌壇直到昭和四〇年代，因此昭和三〇年代出生的人對這位歌手應該感到很熟悉。又本姓「庄司」的漫畫家東海林貞夫（昭生十二年生）和藝能播報記者的東海林典子（昭生九年生）等人活躍於媒體的關係，使得「東海林＝Shoji」成了國民常識。但是在那之後再無同姓的名人登場，以致最近年輕一輩看到「東海林」時不知還可唸成「Shoji」。

在與漢字讀音有所出入的姓氏裡，還有一種是以日月表記的。網路上雖然也可看到「六月一日」和「十一月二十九日」等相關記載，但實際查證確實存在的只有「**八月一日**」和「**四月一日**」兩者。「八月一日」是舊曆，相當於現在的九月上旬，這時稻子差不多要開始抽穗，也是左右今後收成的颱風季節來臨之時。古人於是在這一天摘稻穗祭神以祈求豐收，也產生了用漢字表記日期並藉由讀音表達摘穗祭神行為的「八月一日」一姓，讀作「Hozumi」。

「四月一日」這個姓氏也是相同由來，這一天是衣物換季的日子，把棉襖裡的棉絮抽出縫成夾衣來穿，因此「四月一日」唸成「Watanuki」（Wata是棉絮、nuki是抽出的意思）。「八月一日」和「四月一日」也有用「**八月朔日**」和「**四月朔日**」表記的，「朔日」是「一日」的意思。

能發揮如此自由想像的，正是日語的奧妙之處，把歷史痕跡封存在姓氏裡。也因為有東海林太郎這類名人的存在，讓原本陌生的姓氏變得耳熟能詳。

例如，大分縣的「**指原**」在不久前大部分的日本人還肯定唸成「Yubihara」，拜日本女子偶像團體AKB48中心成員指原莉乃所賜，「指原」從陌生變成普通姓氏。「指原」也是保留「Sashihara」的讀音借用漢字表記的姓氏。

「指原」主要集中在大分市東部的丹川地區。「sashi」在古代是指燒田（經由砍伐、放火燒成的耕地），也指直線地形。丹川地區是沿丹生川形成的縱長山谷，以「丹生鄉」之名出現在史料中。該地區自古便以「sashihara」來稱呼開闢為耕地的山谷，「指原」也許就是世居當地的Sashihara一族借用「指原」做為漢字表記而來。此外，大分市內還有一個讀音相同、寫成「**佐志原**」的姓，也可做為「指原」由來的佐證。

尋根的方法

在了解到各種姓氏起源的要素之後，讀者又要從何著手調查自己的姓氏來源？最快的方式是先到圖書館查閱姓氏事典之類的書籍。姓氏事典從篇幅厚重到精簡的都有，只要是名家都會收錄在其中，記載了出身與發源地等，有的還會附上族譜。若能找到跟自己相同的姓氏當然很開心，可根據書中的發源地和祖先來歷做各種聯想。

姓氏事典是編者經由資料調查、根據姓氏個別整理而成，內容無可置疑，也是想了解名家歷史時不可或缺的參考資料。

但進一步思考也能了解到，只有大名、旗本、公家和大神社的神官等知名氏族才會明確知道自家出身與發源地，而且出現在姓氏事典族譜裡的也是在人名事典裡登場的人物，在近一億三千萬人口裡有多少日本人的直系祖先能登上人名事典？

江戶時代的武士和公家大約占當時人口的一成，其餘九成是農民與商人，這些人的出身和族譜出現在姓氏事典的機率幾乎為零。連幕臣也有很多是不知道自己祖先來歷的，更何況是仕於地方小藩主、奉祿微薄的武士，他們的家族世系怎麼可能被收錄在姓氏事典裡。話說回來，能刊在事典裡的也多是家中留有族譜和代代傳述的世家，又何需查看事典。

所以一般人要探尋自己的姓氏來源，還需要依靠姓氏事典以外的方法。

尋根有「由下而上」以及「由上而下」兩種調查方式。

由下而上的方法是，以自己為起點往雙親、祖父母、曾祖父母的方向溯源。這種方式可以明確知道自己的祖先。最近也有很多專門調查戶籍的司法書士（註：性質類似台灣的代書）等提供根據調查結果整理族譜的服務，但是要當心有些不肖份子會利用「你的祖先是公家還是大名？」這類的宣傳手法進行推銷。如果是公家和大名的子孫，不用查戶籍應該也知道自己的出身為何。

反之，由上而下的方法是，先查明自己的姓氏是從什麼時候、在哪個地方誕生的，再來調查一族的發展全史。若自己的姓氏是全國排名前幾大者，難免會遇到氏族發展系統過於龐雜而無法一網打盡的問題，但如果是相對少數的姓氏，由上而下的方式通常有助於看清一族歷史發展的全貌。像本書這類的著作也能針對此種調查方式提供一般性參考。

首先從地名調查起

想要探尋姓氏起源必須先思考自己的姓氏究竟屬於哪種類別。姓氏的種類如第一章寫到的，多分成「地名」、「地形和風景」、「方位和方向」、「職業」、「以『藤』字結尾」等五種，不在此限者再來考慮其他非主流的類別即可。

「地形和風景」以及「方位和方向」由來的姓氏可簡單從漢字與讀音來推斷，但要注意之前也曾提到的，有些不盡然跟現代的意思和用字相同，只要了解到這一點就能簡單判斷。「職業」由來的姓氏也有跟現代用語不同和漢字變化情形，但大致還是可以以此類推。至於

「以『藤』字結尾」的姓氏就更直接明瞭了。不屬前述四大類別的，很可能就是「地名由來」，下此判斷不失為妥當的切入點。

先做好分類再來調查地名是件重要的事。地名其實千變萬化，看似地形或職業由來，但實際上是地名由來的情況很常見。

調查地名時只用一般地圖和地名事典是不夠的，因為地名由來的姓氏大多是下到「大字」或「小字」編列的行政區域，而且基本上是江戶時代以前的地名，所以還得查閱刊載多數歷史地名的大事典，像是平凡社的《日本歷史地名大系》和角川書店的《角川日本地名大辭典》系列。這兩套都是以縣為單位編成一冊，收錄許多地名並附有索引，從索引查起比較快。這兩套事典非特殊圖書，應可在縣立和大型市立圖書館找到。

分布調查

查完地名之後再來是查看姓氏分布情形。姓氏分布原本可透過戶籍和居民證進行調查，但受限於法律規範無法查閱他人相關資料，因此最快的方式是翻閱電話簿。日本的電話簿分成依職業別刊登的工商電話簿，以及按照五十音排列的市話簿。市話簿還分成企業篇和個人篇，統計姓氏分布當然得用個人篇。但近年個人市話刊登數銳減，原因有二。一是單純因為行動電話普及導致家用電話減少，現在三十歲世代以下的家庭很少申辦家用電話。

二是特意不刊登號碼的人變多了。過去即使是名人也會在電話簿上刊登家用電話號碼，各種名冊裡也會註記電話號碼做為聯絡手段，但現在沒有哪個知名人士會公開自己的電話號碼。又近年電話詐欺事件頻傳，歹徒利用電話簿專找感覺有年紀的姓名下手，有的地區甚至呼籲有高齡者的家庭不要在電話簿上刊登號碼。就算不是為了預防犯罪，在現在這個個人資料敏感的時代裡，一般家庭也多避免公開家用電話號碼。和以前比起來，現在的市話簿顯然單薄許多。

即使如此還是有全國數百萬個家庭的人名刊登其中，成為一般人可簡單查詢的最大資料來源。順便一提，作者現在仍保有從一九九〇年代到二〇〇〇年代初期的市話簿，那時的資料量豐富，可做為調查姓氏時使用。

最新的全國電話簿多能在縣立等級的圖書館找到，若個人是與NTT電信公司簽約的話，也能在支付運費等費用後取得相關資料。

想要徹底調查姓氏分布，只要把從北海道到沖繩的市話簿全給翻上一遍即可，但就算是電話簿變薄且平成大合併造成市町村數量減少的情況下，仍有超過一千七百個市町村需要徹查，工程浩大。在這裡介紹一個簡單的調查方式——只要調查縣政府所在地便可掌握那個縣的姓氏分布特徵。就像東京集中了來自全國各地的人口一樣，各縣的縣政府所在地也是該縣人口集中的地區，這麼一來需要調查的對象會減少到四十七所。倘若還有多餘的時間和精力，建議順便調查縣政府所在地以外的主要都市，以及與之相距甚遠的主要都市（參見下述），可減少漏看重點地區的情形。

縣政府所在地以外的主要都市：八王子市（東京都）、川崎市（神奈川縣）、相模原市（神奈川縣）、濱松市（靜岡縣）、堺市（大阪府）、倉敷市（岡山縣）、北九州市（福岡縣）

與縣政府所在地距離遙遠的主要都市：函館市（北海道）、磐城市（福島縣）、銚子市（千葉縣）、上越市（新潟縣）、松本市（長野縣）、高山市（岐阜縣）、豐橋市（愛知縣）、姬路市（兵庫縣）、米子市（鳥取縣）、福山市（廣島縣）、下關市（山口縣）、佐世保市（長崎縣）、延岡市（宮崎縣）、奄美市（鹿兒島縣）

接著在日本地圖上把清查後的姓氏個數標示在相對應的場所，就能隱約看出跟自己一樣的姓氏大約集中在哪些地方。這時要注意的是姓氏個數與當地人口的比例，例如人口近四百萬的橫濱市裡有兩百戶人家是這個姓，跟人口僅二十萬但有一百戶人家是這個姓的松江市比起來，明顯是江松市的同姓人口較為集中。在注意人口比例的情況下圈選出三個看起來較集中的區域，再詳查當地的情況就能看出那個縣內大致的分布情形。有時同一縣內也可能出現分布極為偏差的情況。

再來是把跟自己姓氏相同的地名和姓氏分布圖疊在一起來看，雙方一致的話就表示那裡很可能就是自家姓氏的發源地。其餘的就是做進階分布調查，解讀地方鄉土史或許能了解一族的發展史也說不定。

如果地名和姓氏分布圖的地理位置不一致的話又該如何是好？這時就要調查兩地的關聯

性，這也是尋找姓氏起源真正有趣的地方。

並非所有的地名都是姓氏發源地，就算名稱和姓氏對上了也不一定表示那個地方就是該姓的發源地。反之，分布圖的背後通常有著為什麼集中在特定地區的原因，因而有必要根據現況，調查姓氏集中地點和同名地點之間是否存在關聯性。在姓氏不屬地名由來的情況下，要查的是分布較為集中的地區跟該姓氏屬性之間是否存在關聯性，以屋號由來者（參見P.87）而言，得從它的商業發展情形著手，而地形由來的就得查證是否真有那樣的地形。

例如，岸和田市等大阪南部的港口地區和秋田市與函館市的關係很可能來自於北前船，而串連秋田縣與茨城縣的可能跟由常陸戰國大名變成出羽秋田大名的佐竹氏一族有關。從豐臣政權到江戶時代初期，很多大名隨領國異動遷移住所，這時不僅家臣的武士，連商人等也跟著大舉移動。

又同一時期很多大名被消滅或取消大名身分，失去主君的家臣只好分散全國各地尋找新的藩主，其中以勇猛出名的武田氏家臣尤其受到歡迎，吸收最多的是德川家，幕臣裡有多位是出身自前武田氏家臣團。

武士之外，因島原之亂而荒廢的島原半島也從西日本各地招募移住者，意外引發了大規模遷移。之後就是藉由一連串的事實查證與發揮推理能力，找出遺失的拼圖。若能拼湊出完整的圖像，那種喜悅是無可比擬的。姓氏就像個時空膠囊，蘊藏了祖先居所與生活的資訊，只有後代子孫擁有打開這個時空膠囊的特權。

田中先生住田中？

十萬日本姓氏的溯源之旅，從起源、分布與演變軌跡解讀姓氏的歷史

名字でわかる あなたのルーツ：佐藤、鈴木、高橋、田中、渡邊のヒミツ

國家圖書館出版品預行編目（CIP）資料

田中先生住田中？十萬日本姓氏的溯源之旅，從起源、分布與演變軌跡解讀姓氏的歷史 / 森岡浩著；陳芬芳譯．-- 初版．-- 臺北市：麥浩斯出版：家庭傳媒城邦分公司發行，2018.09
面；　公分
譯自：名字でわかるあなたのルーツ：佐藤、鈴木、高橋、田中、渡邊のヒミツ
ISBN 978-986-408-404-3(平裝)

1. 姓名錄 2. 日本

783.148　　107012396

作者　森岡浩
內文插畫　鈴木聡
翻譯　陳芬芳
責任編輯　張芝瑜
書封設計　霧室
內頁排版　郭家振
行銷企劃　蔡函潔

發行人　何飛鵬
事業群總經理　李淑霞
副社長　林佳育
副主編　葉承享
出版　城邦文化事業股份有限公司 麥浩斯出版
E-mail　cs@myhomelife.com.tw
地址　104 台北市中山區民生東路二段 141 號 6 樓
電話　02-2500-7578
發行　英屬蓋曼群島商家庭傳媒股份有限公司城邦分公司
地址　104 台北市中山區民生東路二段 141 號 6 樓
讀者服務專線　0800-020-299（09:30 ～ 12:00; 13:30 ～ 17:00）
讀者服務傳真　02-2517-0999
讀者服務信箱　Email: csc@cite.com.tw
劃撥帳號　1983-3516
劃撥戶名　英屬蓋曼群島商家庭傳媒股份有限公司城邦分公司
香港發行　城邦（香港）出版集團有限公司
地址　香港灣仔駱克道 193 號東超商業中心 1 樓
電話　852-2508-6231
傳真　852-2578-9337
馬新發行　城邦（馬新）出版集團 Cite（M）Sdn. Bhd.
地址　41, Jalan Radin Anum, Bandar Baru Sri Petaling, 57000 Kuala Lumpur, Malaysia.
電話　603-90578822
傳真　603-90576622

總經銷　聯合發行股份有限公司
電話　02-29178022
傳真　02-29156275

製版印刷　凱林彩印股份有限公司
定價　新台幣 360 元／港幣 120 元
ＩＳＢＮ　9789864084043
2018 年 9 月初版一刷・Printed In Taiwan

MYOJI DE WAKARU ANATA NO ROOTS
by Hiroshi MORIOKA

Original Japanese edition published by SHOGAKUKAN.
Traditional Chinese (in complex characters) translation rights arranged with SHOGAKUKAN, through Bardon-Chinese Media Agency.

This translation edition is published in 2018 by My House Publication Inc., a division of Cite Publishing Ltd.